EL QUE TENGA MIEDO A MORIR QUE NO NAZCA

JUAN MARTÍNEZ D'AUBUISSON

EL QUE TENGA MIEDO A MORIR QUE NO NAZCA

Retrato de
San Pedro Sula,
Honduras, una de
las ciudades más
homicidas del
mundo

Planeta

A Marisa.
Yo escribo para vos, mamá. Todas mis letras son y serán tuyas.

A Edín.
No es cierto, vos todavía estás. En mis palabras seguís hablando, en mis caminos seguís andando, papá.

ÍNDICE

LA CIUDAD QUE HABLA

Este es un libro que busca explicar un lugar. Un sitio complejo, distópico y violento. Pero busca explicarlo desde los procesos socioculturales globales, regionales e internos que lo crearon. No intenta ser una fotografía atemporal y maniquea de la ciudad. Pretende acompañar y descifrar las diferentes fuerzas que terminaron por moldearla. En este proceso me di cuenta de que la ciudad cuenta sola su propia historia, hace su propio libro…

La ciudad habla, solo hay que estar atento a sus mensajes y sus códigos. San Pedro Sula es una ciudad plana, a 83 m s. n. m. Tiene todos los males de una ciudad costera, como los zancudos, las enfermedades tropicales, la humedad, el calor sofocante, y casi ninguna de sus ventajas.

Se ubica en el valle de Sula: 7 384.6 km^2 de tierra plana, fértil y húmeda. Una extensión inmensa, al menos en términos centroamericanos. Bordeando la ciudad, como una muralla natural, está la cordillera del Merendón, una franja de montañas que cubre la urbe en lo que parecería un acto ambivalente de amor geológico. La protege de huracanes y tempestades, a la vez que la asfixia en un vaho desesperante. Es como una relación violenta, donde la ciudad se ve aislada de la brisa y protegida del desastre.

La ciudad es bordeada y cruzada por dos ríos majestuosos: el Chamelecón y el Ulúa. Otra relación de amor fatal. Riegan los sembradíos, aportan agua y vida a todo el valle; pero, si una tormenta los provoca, se congestionan y se enfurecen. Se desbordan, volviendo los lugares más bajos verdaderos pantanos y ahogando la vida que solían amamantar.

Es la ciudad más poblada de Honduras (1 210 000 habitantes), la más rica (genera el 62% del PIB y el 68% de las exportaciones del país), la que alberga a más pobres y la más violenta (de 2012 a 2014 fue la ciudad más violenta del mundo, llegando a tener una tasa de 103 asesinatos por cada 100 000 habitantes, además de un número incierto de desaparecidos). Sintetiza, además, el espíritu de la ciudad neoliberal en 840 km².

San Pedro Sula creció como un tumor en un costado de la madre de todas las empresas, la matriarca de lo que hoy entendemos como libre mercado: la United Fruit Company, y otras grandes bananeras. Esta región costera a la que pertenece la ciudad, otrora poco habitada, se volvió enclave bananero a finales del siglo XIX y se llenó de haciendas productoras. La gente fue llegando en masa a la zona en busca de trabajo, y se quedaron donde pudieron; donde consiguieran un espacio de tierra en el que no creciera el banano. Mientras más bananas comían los estadounidenses, más hondureños llegaron al valle de Sula y a la ciudad misma. La necesidad apremiante de brazos, lomos y piernas de gente joven pobló esta región, y mientras más rica se hacía la ciudad, y por supuesto, las bananeras, la pobreza se esparcía como un virus por los linderos de la urbe. Por cada edificio, hotel y centro comercial que se inauguró durante el siglo xx, surgieron decenas de colonias miserables, llenas de gente rota.

La ciudad habla, dice cosas, cuenta su historia. Solo hay que observarla con cuidado y escuchar lo que tiene que decir. Si uno se para en el centro de la ciudad, de espaldas al edificio del Gran Hotel Sula —uno de los orgullos del abolengo sampedrano hasta su clausura en plena crisis de 2020 — y mira a su derecha, verá un inmenso rótulo que domina la urbe desde la cordillera del Merendón. Coca-Cola, dice en letras blancas al estilo Hollywood sobre Los Ángeles. Me parece un recordatorio de quiénes son y de dónde vienen los amos de esta tierra. Subiendo hacia el rótulo, siempre por la misma cordillera, están las colonias de los ricos, los centros comerciales finos, las vinaterías y los *spas*. Esas colonias suben como queriendo lamer aquellas letras blancas y poderosas, pero no lo logran, se quedan abajo. Si desde el mismo edificio uno gira y avanza hacia su izquierda, verá la carretera del Este, el tráfico, las vías del tren bananero en desuso. Si sigue, aparecerán los centros comerciales de las masas, donde se vende todo en forma de ofertas y combos. Mantienen esa arquitectura industrial y ordinaria que recuerda más a una bodega que a un supermercado. Más allá, siempre por esa calle, rumbo al aeropuerto, se encuentra una de las franjas de pobreza más grandes, violentas y complejas de Centroamérica: el barrio Rivera Hernández. Sesenta colonias y más de 100 000 habitantes se apiñan en ese espacio caluroso y plano. Este barrio está, al menos, 20 m más bajo que el centro de la ciudad, así que, si quitáramos todas las construcciones y soltáramos una bolita, llegaría por inercia hacia el Rivera Hernández. Es una forma amable y limpia de decirlo. Un arquitecto y excandidato a alcalde de la ciudad prefirió otra: «Si echas una meada en el centro de San Pedro Sula, va a ir a parar al Rivera Hernández».

Esta misma persona me dijo que esto explica las constantes inundaciones en el barrio; la gravedad arrastra toda la porquería hacia allí. La ciudad habla, solo hay que prestarle atención.

Ese barrio también acogió, desde los setenta, a buena parte de los trabajadores de las bananeras. Bueno, a los pobres. Los empleados de alto rango y los dueños de empresas de servicio fundaron sus colonias subiendo hacia el rótulo de Coca-Cola. Los obreros, trabajadores temporales y peones sin contrato, buscaron hacer sus cabañas de lata o sus casas de lodo y caña brava en tierras abandonadas.

Las bananeras se fueron, casi todas, en la década de los ochenta, pero llegaron las maquiladoras. Otra vez la misma dinámica. Gente llegando, los barrios engordando, colonias pudientes trepando hacia los amos estadounidenses sin alcanzarlos.

La violencia en la metrópoli fue en aumento, se fue alimentando del mismo material que nutrió a las bananeras y después a las maquilas: carne joven y desesperación.

El barrio Rivera Hernández ha llegado a albergar hasta diez pandillas en su interior. La violencia es tan intensa que este número se ha reducido a seis y luego ha vuelto a llegar hasta diez en un mismo año, como resultado de la aniquilación y fundación de nuevos grupos. Ha sido catalogado, por la policía y por los sampedranos, por la prensa internacional, por los funcionarios públicos y por los hondureños, como el lugar más peligroso dentro de la ciudad, que a su vez es considerada la más peligrosa del mundo y la más prolífica en homicidios.

Los grupos del barrio son variados. Ahí guerrean los Olanchanos, un grupo criminal de origen campesino, y combate una rama de la Mara Salvatrucha 13 (MS13), la «marca» pandillera más grande de Centroamérica y una de las más famosas y violentas en Estados Unidos.

En ese espacio, en esas sesenta colonias conocidas administrativamente como *sector Rivera Hernández*, se concentran los resultados de más de un siglo de capitalismo. Mientras la Agencia de Estados Unidos para el Desarrollo Internacional (USAID) libra su propia batalla contra las pandillas y la migración ilegal, la Sección de Asuntos Antinarcóticos y aplicación de la Ley (INL) y la embajada estadounidense apoyan, como parte de sus estrategias, a investigadores encubiertos que buscan desmantelar las bandas de narcotraficantes. La Mara Salvatrucha 13 pelea por el dominio total del espacio, a la vez que establece tratos con la policía local y con los diferentes gobiernos de turno, incluido el de Juan Orlando Hernández. Un grupo de niños desentierra armas viejas y decide enfrentarse a todo este sistema mientras son exterminados uno por uno, un día por la MS13, otro día por la pandilla Barrio 18, otro día por la policía. Las iglesias evangélicas compiten entre sí por salvar las almas de los pandilleros sampedranos, mientras que pelean por el favor de Estados Unidos que, a través de diferentes organizaciones, los coopta hasta volverlos informantes de los investigadores encubiertos. Todo esto en 840 km^2, todo a 11 km del Gran Hotel Sula y de la pequeña plaza central de la ciudad.

Este libro es el producto final de diez años de trabajo etnográfico profundo y de un reporteo sistemático que buscaba estar mientras las cosas pasaban y que se fundamenta sobre el espíritu clásico de la antropología y el periodismo: contarles a unos las historias de los otros.

Sin más dilación, dejo en sus manos las historias que se escribieron allá, en Sula. La ciudad de los bandidos.

I

EL BARRIO

1

LA GUERRA PERDIDA
DE LOS MUCHACHOS
SIN PANDILLA

Noviembre de 2018. Latitud 15.50417. Altitud 83 m s. n. m. A 11 km del centro de la ciudad. En el San Pedro Sula profundo, en las entrañas del Rivera Hernández, su barrio más célebre por la sangre que se derrama, desde hace más o menos un año, un grupo de muchachos se organizó para hacer frente a las poderosas pandillas de este sector. Tienen algunas armas y están convencidos de que si estos grupos entran, ellos y sus familias morirán. Se verán obligados a ingresar a esos mismos grupos o tendrán que huir a otro barrio o fuera del país. Por eso luchan, pero su lucha es escuálida.

Son 12 muchachos. La mayoría tiene alrededor de 17 años. El mayor de ellos tiene 25. Lo consideran casi un anciano. Dos de ellos pertenecieron a una pandilla, una grande, el Barrio 18. Otro fue ladrón de barrio, y otro alguna vez asaltó a alguien. Pero el grueso del grupo lo forman muchachos pobres que decidieron pelear una guerra para salvar lo básico: vida, familia, casa, libertad.

Su arsenal es variado, extremo para muchachos de cualquier parte del mundo, pero escueto y sencillo en el violento ecosistema del Rivera Hernández de San Pedro Sula.

El territorio por el cual pelean no ofrece mucho. Son algunas calles de tierra y sus respectivos callejones. Las casas de este lugar van perfectamente acordes con las calles. Están hechas de bloques de tierra y tienen techo de lámina. Las personas, lo mismo; parecieran querer mimetizarse en un ejercicio camaleónico con su entorno de tierra. Carne morena y negra habita este lugar.

Esta tierra, si bien aplastada por la pobreza y de vez en cuando anegada por algún huracán o lluvia tropical, es fértil, fértil como pocas en el mundo. Toda la región norte de Honduras es así. Es justamente por eso que llegaron las bananeras estadounidenses a finales del siglo XIX y se quedaron hasta nuestros días. Los árboles dan a luz enormes aguacates y mangos prodigiosos. Es una tierra obediente y plana, dispuesta a hacer crecer lo que sea que se le siembre.

Pero no es esto lo que quiere la Mara Salvatrucha 13, ni el Barrio 18, ni la peligrosa banda de los Olanchanos, ni los Vatos Locos, ni los Tercereños, ni los Parqueros, ni ninguna de las pandillas de la zona. Sus tierras también están llenas de mangos y aguacates jurásicos. Es otro concepto de territorio lo que está en juego. Uno más vil.

2

LOS LOCOS DE VESUBIO

Xavi, el más flaco de todo el grupo, es, paradójicamente, el encargado de disparar el arma más grande: una escopeta (Maverick) calibre .12, de culata recortada y cañón largo. El padre de Xavi fue Cochi, un miembro respetado de esa pandilla grande de la cual salió este grupo, el Barrio 18. Pero lo mataron igual que al resto de figuras importantes que tenía la pandilla en esta parte del inmenso Rivera Hernández. Lo mataron mientras Xavi estaba en un culto evangélico. Tenía 12 años y por eso Xavi ya no va más a cultos. Le traen malos recuerdos. Le parece que Dios le jugó sucio ese día. Xavi me muestra su escopeta con orgullo. No es para menos, es un arma pesada y la más grande que tiene el grupo. Cuando Xavi la dispara, se escucha su ladrido por todo el barrio.

Pero su arma ya no es efectiva como antes. Dice, apesadumbrado, que es raro que bote a alguien con ella. Cree que su arma ha envejecido. El problema del arma no son los años, ni la herrumbre que la invade por entrar y salir de la tierra cada cierto tiempo. Su problema está en que en sus entrañas alberga tiros diseñados para matar otra cosa. Se les llama *bird shot* y se usan justamente en cacerías de aves. Podría matar a un ser humano, pero solo si le dispara de muy cerca. Con estos tiros es casi más efectivo usar la escopeta para machacar al enemigo a golpes. Xavi no sabe nada de esto. Le parece algo absurdo que alguien use una escopeta para matar pájaros. En su mundo, las armas tienen un único objetivo. Por eso se pone gruñón cuando dispara su escopeta y no ve a sus enemigos caer al piso mutilados, como antes, cuando tenía la munición correcta, cuando su arma, según él, era más joven.

Chicano, un joven regordete de poco más de 20 años, usa una pistola 9 mm, pero hay más chicos que armas y debe compartirla con Carito, un muchacho de cuerpo macizo y cara amable. A primera vista, nadie diría que este joven de sonrisa tímida y dientes picados es el guerrero más bravo con que cuenta el grupo. Carito es un combatiente fantástico. Su renombre como pistolero ha trascendido a otras colonias del barrio. Luego averiguaría el porqué.

Los dos revólveres mohosos se rotan dependiendo de quién esté de guardia ese día. A veces los tiene Buitre, un ex-Barrio 18, y otras veces Chalelo, el más joven del grupo y el más alegre, con apenas 16 años.

Esta noche, los Locos de Vesubio descansan en el patio de Cándida, lo más cercano que tienen a una figura de autoridad. Cándida es una mujer de 42 años que hace el papel de mentora para el grupo de pandilleros en ciernes. Ella los alimenta y cuida desde que decidieron organizarse en esta banda de desarrapados guerreros. Es algo así como su oráculo, pues sabe mucho de pandillas y bandidos. Ha vivido entre ellos, ha peleado junto con ellos, ha parido a sus hijos y los ha enterrado. Sin embargo, de ella y su increíble y triste historia hablaremos quizá en un libro diferente.

Es una tarde de noviembre de 2018 y Baleada, el mayor de los Locos y el único con un trabajo fijo, no suelta uno de los revólveres. Le gusta sostenerlo y pasearse con él. Es quien habla mejor y el único que tiene un discurso articulado que bien podría estar en boca de un comandante zapatista o de las autodefensas mexicanas del doctor Mireles en Guerrero, México.

—Nosotros somos antimaras [pandillas]. Defendemos este territorio porque si las maras entran, comienzan a rentear [extorsionar], sacar a la gente de sus casas y violar a las jóvenes. No tenemos miedo, nosotros para morir nacimos —dice, y acto seguido se pone de pie, coloca una camisa sobre su rostro a modo de pasamontañas y comienza a posar con el revólver en una especie de baile hiphopero. Hace signos con las manos, formando una *L* con una y una *V* con la otra. Los Locos de Vesubio. Supongo que espera que tome un video o fotografías de su *performance*, así que no lo decepciono y lo hago.

Pero aquel que es bueno con las palabras no lo es tanto con los tiros. Xavi arruina rápidamente su *show*. Dice que a la hora de los disparos siempre es él quien se queda atrás. Baleada no lo niega, cabizbajo admite que tiene una hija pequeña y un trabajo que cuidar. Lo han puesto en evidencia. Se quita la camisa-pasamontañas y devuelve el revólver a aquellos que sí saben hacerlo ladrar.

Las invasiones en el territorio contiguo al de la Mara Salvatrucha 13 han sido cada vez más frecuentes. La semana pasada llegaron tres veces al día. Son muchos tiros que disparar y muy poco dinero para comprar munición. Cada semana, entre ellos recogen plata y envían a Carito, el bravo, a comprar balas en el centro de San Pedro Sula. Él debe cruzar territorio enemigo, por lo menos cuatro fronteras invisibles, para llegar hasta un comerciante que vende armas y municiones de forma ilegal.

Ese día de noviembre de 2018, y ante la inminente ofensiva, los Locos de Vesubio han preparado una sorpresa para sus enemigos: cocteles Molotov. Aunque no tienen claro cómo usarlos ni cuándo sumar esta nueva arma en la guerra de pandillas, tienen una certeza: quieren ver arder a los «emeeses».

Pero no pasa nada… La noche llega y los emeeses no. Los muchachos fuman cigarros, se balancean en la vieja hamaca del patio de Cándida, cuentan chistes, se ríen y fuman marihuana. Cándida les pide que bailen, le gusta verlos bailar, y ellos se revuelcan en el suelo, haciendo piruetas para agradar a esta madre sustituta que tanto los cuida.

Desde la tarde, la música se escucha a tope a través de un inmenso parlante. Es como el *soundtrack* de su propia película. Por quinta vez suena «Yerba mala» del rapero Vico C. La canción cuenta la historia de un muchacho del barrio que mata al asesino de su padre. Xavi, quien perdió al suyo por las balas de los emeeses, cierra los ojos y se queda en el silencio. Deja que la música le cuente su propia historia, por quinta vez.

Pero nada sucede. La noche sampedrana refleja el alma del barrio. Cuando el hiphop y el reguetón se callan, se escuchan los sonidos de los insectos y las aves nocturnas. El viento susurra una canción melancólica al pasar entre las ramas de árboles grandiosos y prolíficos. Hace treinta años, se habría escuchado el pesado y monótono traqueteo del tren bananero en su camino hacia Puerto Cortés. Las vías están cerca. Sin embargo, ahora se escuchan disparos a lo lejos.

—Deben ser los Terraceños. A ellos les están llegando seguido los emeeses —comenta Cándida, refiriéndose a una nueva pandilla que, al igual que todos aquí, busca existir y tener su propio territorio que defender.

Así es el sonido de este barrio, así canta la ciudad, entre los sonidos de un pueblo bucólico y los gritos histéricos de una ciudad industrial.

Sigue la noche y su calma. Los Locos se aburren. Uno juega en su teléfono, otro se queda dormido. El hermano menor de Cándida no para de tirarse baldadas de agua para bajarse el calor del cuerpo. Saca el agua de una pila vieja y grande en el patio de Cándida, formando un lodazal a sus pies. Mientras tanto, Cándida prepara unas baleadas, el plato típico de Honduras. Consiste en una tortilla de trigo que envuelve huevo, frijoles y alguna proteína. Según una de las leyendas sobre el origen de esta comida su nombre proviene de su creadora en La Ceiba, San Pedro Sula o Atlántida, dependiendo de dónde haya nacido quien cuente la historia. Se dice que una mujer inventó el plato para alimentar a los trabajadores de las plantaciones bananeras estadounidenses, que fue *baleada* por bandidos, sobrevivió y desde entonces esa comida se llama así. Esta parte del relato podría prestarse a interpretaciones simplistas que relacionen la violencia con la comida típica hondureña: que en Honduras hasta la comida típica contiene violencia. Pero no, prefiero decir únicamente que las baleadas son sabrosas y que Cándida las prepara con talento.

De repente, cerca de la medianoche, los gritos de los vigías alertan al grupo. Los emeeses están entrando por la calle principal. Los Locos corren, toman sus armas y salen a enfrentarlos. Son dos enemigos que han cruzado la línea imaginaria que divide el territorio. Carito va al frente, seguido por Rey, un joven mulato de 19 años que carga uno de los revólveres, y Chalelo, el risueño muchacho de cara pecosa, lleva consigo la escopeta que por derecho le correspondería a Xavi. La premura no deja lugar a la propiedad privada.

Corren para enfrentarlos, moviéndose por las dos aceras y aprovechando las sombras para cubrirse. Hay una pequeña escaramuza, vuelan algunos tiros y los emeeses huyen. Entonces, un frenesí se apodera de los Locos de

Vesubio. Piensan que puede ser una trampa y que los enemigos podrían estar esperándoles por el callejón o por el otro lado de la misma calle. Corren desesperados, conscientes de que quienes se quedaron en el patio de Cándida, incluida ella misma, solo tienen los cocteles Molotov para defenderse. Llegan a ambos puntos, pero no hay nadie. Esta vez lograron espantar a los enemigos. Esta vez han ganado.

Fiesta. Es momento de celebrar. Cándida los felicita y les dice palabras de aliento que ellos toman de buena gana. Son palabras de una madre a quien le han salvado la vida. Se sientan, sudorosos y jadeantes. El calor es insufrible, incluso en plena madrugada. Se hacen cumplidos entre ellos y se ríen. Un aire de euforia nos envuelve a todos en ese patio, incluyéndome. Si los emeeses hubieran entrado, dudo que hubieran hecho distinción entre un joven hondureño y un antropólogo-periodista salvadoreño como yo. Quizá esas balas habrían sido lo único que nos habría homogeneizado, que nos habría puesto en igualdad de condiciones. Pero no pasó. A mí también me entran ganas de festejar.

Vuelve a sonar «Yerba mala» de Vico C, que una vez más muere con la sinfonía de disparos que le dio el hijo de su víctima.

—Esta fue la última vez que esos majes entrarán. Ya no regresarán hasta mañana —dice con gran seguridad Baleada. Los demás asienten. Para estos jóvenes, un ataque sorpresa, uno que no siga protocolos, sería devastador.

—Para morir nacimos —se dicen entre ellos a modo de grito triunfal, chocando las manos.

Sacan las cervezas, dos cajas de 24 unidades cada una, de la marca Salva Vidas. Están frías. También sacan varias bolsitas de cocaína de mala calidad, de esa que hace arder la nariz, y corean felizmente «Yerba mala».

Celebran esta noche como si fuera la última. Podría haberlo sido. Pero no lo fue.

DIARIO DE CAMPO

(La perra. Noviembre de 2018)

Hoy me encuentro en el barrio Vesubio del inmenso Rivera Hernández. Aquí estoy con un grupo de jóvenes en pleno apogeo o, en todo caso, en la salida de la adolescencia. Corren junto al carro mientras me observan con curiosidad. Soy una novedad en este lugar que también es conocido como *el barrio de los pesetas*. *Pesetas* es el término pandillero utilizado para referirse a los traidores o desertores, pero a estos jóvenes les gusta llamarse a sí mismos los Locos de Vesubio.

Los muchachos se reúnen en la casa de Cándida. Son al menos diez. Cándida prácticamente los ha adoptado, o eso es lo que dice. En esta casa todos están rotos por dentro y es por eso que se entienden tan bien. Se complementan entre sí como las piezas de un rompecabezas de almas humanas.

Un hombre llega a la casa de Cándida junto a los muchachos. No lleva camisa, solo un pantalón a medio coser y está descalzo. Se puede ver en sus pies que los zapatos nunca han sido una parte importante de su atuendo. Está borracho o drogado, o ambas cosas. Cándida me cuenta, frente a él y mientras lo sujeta del brazo para mostrármelo de cerca, que vive en este estado constante de semiconsciencia desde que los emeeses balearon a su sobrino y este dio las últimas bocanas de vida en sus brazos. Nadie lo toma en serio ahora, le dan patadas y lo insultan. En algún momento, hace pocos años, era respetado. Fue un Barrio 18. De la camada de Monstro y la Perra. Dos pandilleros íconos del barrio. Pero eso fue cuando tenía 20 años, ahora tiene 24 y es considerado un veterano loco. El tiempo parece transcurrir de manera extrañamente acelerada en estos barrios de niños. Su nombre es Nicolás.

—Nico, dejá de estar hablando pendejadas, andate a la mierda —le dicen cuando intenta contarme algo o simplemente hablar.

Los muchachos se interrumpen entre sí para contarme cosas. Todos quieren llamar mi atención de alguna forma, unos me cuentan el combate de anoche con la MS13, otros corren a traer las armas con las que pelearon, otros se ponen a bailar *breakdance* y dos de ellos corren a comprar una Coca-Cola enorme para ofrecérmela. Nadie allí quiere o necesita a Nico, así que se va, cabizbajo y humillado.

A los minutos uno de los chicos cuenta, asombrado:

—Puta, Nico acaba de matar a una perra ja, ja, ja, ja. La encontró durmiendo encima de su ropa y le metió una gran pedrada en la cabeza. La agarró de la cola y ahí afuera la tiró.

La perra es mestiza, pequeña, negra y delgadita. El muchacho se equivocó. No está muerta. Mueve su pata derecha en un movimiento frenético, como si estuviese nadando y tratara de hacer pie en un suelo que no existe. Serán los nervios trastornados por la piedra.

Los muchachos cambian de tema y regresan a la narración de las batallas, pero yo no puedo olvidar a la perra. Los interrumpo. Les pregunto si podemos matarla, para que no sufra.

—Mmm. Nambe, ya se va a morir, si le metió de lleno el vergazo en la cabeza.

Ríen.

Les pregunto si hay problema en que la mate yo. Se miran extrañados unos a otros, pero me dicen que puedo hacerlo. Me alargan un revólver herrumbroso calibre .38, pero al abrir el tambor solo veo tres tiros. Es todo lo que les queda para pelear esta noche. Se las devuelvo. Escojo una piedra grande para terminar lo que Nico empezó, pero al ver a la perra de cerca me doy cuenta de que soy muy cobarde y no puedo matarla. Todavía mueve los ojos, suelta sangre por la boca y los dientes que le quedan están rotos. Mueve la cola, quizá por lo mismo que mueve la pata: la inercia de la vida que se encapricha en quedarse.

Quiero seguir el hilo de los chicos que me arrastran hasta donde ocurrieron los enfrentamientos de anoche, pero mi cabeza está en Tango, el bóxer fiel y bondadoso que mi papá le regaló a mi mamá, y en Popeye, el perrito nervioso que llevé a casa de mi madre un mes después de que muriera mi viejo. Mi cabeza se va para atrás y la imagen de Rata y Chasca, las perras con las que crecí, me corretean por la cabeza. Me las imagino bajo esa piedra, a merced de la furia de Nico, y sus lamentos no me dejan escuchar los relatos, ni ver con claridad el presente. No puedo imaginarme cómo fue la balacera ni logro recrear los regates que Chicano y el alegre Chalelo describen.

Pienso en la gentil Liquiritza y en Viernes, el perro viejo y malhumorado que estaba dispuesto a matar a mordidas a cuanta criatura viva se le acercara, pero que toleraba de buena gana los terribles pisotones descuidados de mi Sarah, apenas protestando con su mirada profunda de perro callejero.

Me espabilo únicamente con los chasquidos de las pistolas al montarse, listas para liberar su muerte. Hemos llegado a la frontera donde los emeeses quisieron entrar anoche. Nos pegamos a la pared y vemos hacia el territorio prohibido. No hay nadie. La frontera luce desierta de ambos lados. Nadie quiere vivir donde confluyen los tiros.

Cuando voy a salir del barrio, la perra levanta la cabeza y nos vemos. Sus ojos están desencajados y su cabeza deforme debido a la pedrada, pero la vida aún le alcanza para verme con reproche. Se morirá, de eso no hay duda. Pero su muerte será lenta, llena de moscas y solitaria. Debí haberla matado. Nico se quiere despedir de mí, pero yo no quiero. No le doy la mano. Tengo muchas, muchísimas ganas de romperle el cuello, o de ir a su casa, tomar la misma piedra y hacer... en fin. No me despido de él.

En el bus de regreso a El Salvador pasaron la película *Marley y yo*. Los perros muertos en la carretera se volvieron más evidentes y su presencia más pesada. Fue un viaje largo.

3

UN MUERTO EN EL BARRIO

Ha pasado un día desde la última incursión de los emeeses, las cervezas y la cocaína mala. Algunos de los muchachos apenas han dormido. La droga está mezclada con unas pastillas contra el sueño que dejan las neuronas revueltas y las pupilas dilatadas.

Son las cinco de la mañana. Un hombre entra al barrio. Es un recolector de plástico y vidrio, y cualquier cosa que se pueda reciclar. Es uno de esos buscadores compulsivos de plástico. En San Pedro Sula también la basura tiene un valor.

Eso, basura. Si queremos ser exactos, el hombre recoge basura.

Los Locos están nerviosos, la coca y las pastillas han hecho de sus nervios una maraña. El hombre entró desde territorio emeese cuando todavía estaba oscuro.

Más tarde, los Locos de Vesubio dicen que hubo un intercambio de tiros, que la gente es inconsciente y no se aparta cuando ellos luchan. Dicen no haberse dado cuenta de cuando los tres balazos terminaron con la vida del recolector. Los chismes del barrio cuentan que era el padre de dos emeeses.

Dicen, dicen, dicen.

Los Locos dicen que era un espía. La Emeese prepara una venganza. Los Locos no lo saben. Esta noche no hay «Yerba mala», no hay música, no hay coca, no hay nada.

«Enfrente les hemos pasado, pelones hijos de puta. En la jeta les hemos pasado. Al barro, al barro, al barro. Los vamos a sacar de ahí, hijos de la gran puta, los vamos a matar».

Los emeeses han enviado ese mensaje de audio a uno de los teléfonos de los Locos. Es una mujer. El mensaje logra su objetivo. Los Locos están aterrorizados. Es entrada la noche. Nos reunimos en concilio y escuchamos el mensaje una y otra vez. Buitre y Baleada, de pronto, parecen reconocer la voz de la mujer:

—Esa hija de puta es la Wendy —dicen, y corren en dirección al rincón donde están las armas, pero la sabia Cándida los detiene con un grito:

—¿Adónde creen que van? Se me regresan ya —les dice con toda la fuerza que puede sacar de su cuerpo menudo.

Los Locos obedecen, y ella les hace entender que eso es justo lo que quieren los emeeses. Si corren fuera de estos pasajes, serán emboscados. Me sumo al discurso de Cándida. Les digo que correr, armas en mano, a matar a esa tal Wendy solo los dejaría a merced de la Mara Salvatrucha 13.

Les pido que piensen un momento, que se imaginen que la cosa fuera al revés, que ellos hubieran mandado ese mensaje a los emeeses. ¿Qué buscarían con eso? Ya no sé si lo digo porque lo creo o solo por salvarle el pellejo a esa tal Wendy de los cojones. No sé si tengo razón, no sé si lo hago solo porque me aterra estar nuevamente en medio de los tiros.

Llegan más mensajes de audio. Todos tienen la misma factura. Les dicen que los matarán y que luego sacarán a sus familias del barrio. Los mensajes calan hondo en la moral de los Locos.

DIARIO DE CAMPO

(Un día normal. Diciembre de 2018)

Hoy los Locos fueron de paseo. Los lleva Germán Andino, un ilustrador que, al igual que yo, ha estado trabajando en este barrio durante mucho tiempo. Ha hablado con estos muchachos durante casi un año, ha escuchado sus historias y las ha plasmado a través de sus ilustraciones. Yo soy solo un colado en este viaje.

Hay que mover a 11 muchachos y a Cándida. No caben en nuestro carro y ningún motorista está dispuesto a entrar hasta este barrio. Ellos tienen una propuesta. Conocen a un viejo que tiene un microbús. Dicen que en otras ocasiones él los ha llevado de paseo. Es cierto, el viejo tiene un microbús, pero está roto. No tiene frenos. A ver, no es que estén en mal estado o que fallen. No. No tiene frenos en absoluto. Ni siquiera tiene el pedal de freno. Bueno, miento, sí lo tiene, pero lo lleva en el asiento dentro de una bolsa. Los Locos se suben a toda prisa y el viejo acelera su maltrecha máquina. Va muy nervioso. Hace muecas extrañas y frenéticamente toma una y otra vez un trapo rojo con el que se limpia el sudor.

—Vámonos a la mierda, vámonos a la mierda —dice entre mueca y mueca.

Cuando salimos de Rivera Hernández, ya no son solo los tiros de los emeeses lo que nos preocupa, bueno, sí nos preocupan un poco, porque hay emeeses por todo San Pedro Sula, pero nos preocupan más las bajadas. Al no tener frenos, tenemos que frenar con el motor. Suena fácil de decir, pero es muy complicado de hacer. En la carretera me doy cuenta de algo más: el viejo conductor está completamente borracho. Habla incoherencias y huele fuertemente a alcohol. Me pongo nervioso, siempre me pone nervioso la velocidad. Los Locos, para calmarme, me dicen que no pasa nada, que antes de salir le dieron al viejo unas buenas esnifadas de su cocaína mala. Le prometieron darle más cuando lleguemos. Por eso maneja tan rápido. El efecto de la coca quedó atrás hace unos 30 km y solo ha dejado en el viejo una inmensa ansiedad, que se escurre por su frente y se limpia con el trapito rojo.

Nuestro destino es un centro turístico con piscinas en la ciudad vecina de El Progreso. Es un día entre semana y está vacío. Les entregamos unos lempiras a los meseros y vigilantes para que no hagan preguntas, para que nos dejen tranquilos. Los muchachos llevan el barrio en el rostro.

Los Locos parecen niños, quizá porque algunos todavía lo son. Se lanzan al agua, corretean, se insultan, fuman hierba. Quieren hacerlo todo al mismo tiempo. Hay unas chicas en la piscina contigua y me retan a acercarme y hablarles, porque a ellos les da vergüenza. Ninguno se anima a ir, pero se camuflan en la fortaleza que les da la manada. Les envían besos, pero desde lejos. Las chicas ríen, coquetean, desdeñan y provocan, como solo las caribeñas pueden hacerlo. Alguna de ellas guiña un ojo y la manada de muchachos sufre una excitación colectiva. A pesar de eso, ninguno se anima a llegarles. Cobardes.

Hay un deslizadero de cemento que debe tener unos 20 m de altura. Los Locos se tiran de cabeza, de dos en dos, panza abajo, panza arriba. «¡Para morir nacimos!», gritan.

De repente, se les ocurre una idea, terrible como solo una concebida por un grupo de muchachos excitados y drogados puede serlo: lanzarse todos juntos, uno detrás del otro, con las piernas entrelazadas, como un ciempiés.

Entran al agua como un misil. Han alcanzado mucha velocidad. Salen del agua asustados por el golpe. El agua se tiñe de rojo. Rey no sale. Lo sacan. Está temblando. En medio de esa maraña, la cabeza de Baleada, un hombre de al menos 1.80 m, le dio de lleno en la cara. Le hizo una cortada que le cruza toda la frente. Sangra y tiembla. Entre todos lo sacamos de la piscina. Cándida le pone trapos y logra detener la hemorragia.

Regresamos antes de tiempo. Dejan que el viejo esnife todo lo que quiera de ese polvo ardiente que irresponsablemente llaman cocaína, y volvemos a nuestro microbús sin frenos.

En el barrio buscamos a una vecina que fue enfermera y que algo recuerda de sus días en el Catarino, el hospital general sampedrano. Lo cose con hilo ordinario, de coser ropa, y el remedio se ve peor que la enfermedad. Pareciera que tiene un gusano negro en la cara. Le hacemos bromas, le decimos:

—Acostúmbrese, mi perro, que más feo va a sentir cuando lo vengan a matar los emeeses. —Él se ríe, pero dice que al reírse le duele la cara.

A pesar de que la anécdota lleva sangre, droga y un vehículo sin frenos, es la situación más normal y gratificante que estos muchachos han pasado en mucho rato. Un grupo de jóvenes jugando en una piscina, retándose para hablarles a muchachas desconocidas, retándose por probar su audacia, su hombría. Un accidente de chiquillos que no miden aún sus cuerpos de hombres. Una buena anécdota, algo que bien pudo haberles pasado en Chicago, París, Bogotá o Madrid a otros muchachos. Un momento normal.

Al final de este año 2018, Rey será secuestrado por la noche. Los Locos creerán que ha sido la Mara Salvatrucha 13, pero podría ser cualquiera de las pandillas que los rodea o incluso la Policía Militar. Su cuerpo no aparecerá. A Rey se lo llevarán descalzo. Sus amigos solo encontrarán sus zapatos. Pero aún no lo sabe, ahora solo le duele la cara.

4

LA BESTIA HERIDA

Ha pasado un día desde los mensajes aterradores. Es de madrugada. Xavi y Carito custodian uno de los callejones. Carito tiene su 9 mm y Xavi su escopeta con balas matapájaros. Están en silencio. No han dormido. Ni siquiera fuman para no ser delatados por el humo. Técnicas apaches. De lejos se escucha un murmullo, unos pasos, sonidos metálicos de armas cargándose. Un grupo de emeeses acaba de cruzar la frontera imaginaria del callejón. Caminan pegados al muro de la casa de Gerania, una negra inmensa que se sienta por las tardes a tomar el fresco y a despotricar contra esta guerra estúpida.

Vienen a cumplir sus amenazas. Pero no cuentan con el soldado más prodigioso de los Locos de Vesubio. La mejor pistola de este barrio.

El primero del grupo de emeeses recibe las dos primeras descargas de la pistola de Carito. Cae al piso, inconsciente. El segundo entra al callejón pegando tiros e intenta sacar a su compañero. Otros dos tiros, esta vez en el abdomen. Xavi revienta una carga de su escopeta, y si bien no logra derribar a ningún enemigo con su munición matapájaros, sí logra espantarlos y herirlos. El grupo se va, arrastrando a sus heridos hasta su territorio de casas miserables y tierra generosa.

La MS13 se replegó a su guarida, otra vez, a lamerse sus heridas. Esta vez no hay jolgorio en Vesubio. Saben lo que han hecho.

Los Locos de Vesubio tienen ahora pocas balas, Cándida tiene poca comida para alimentarlos. Tienen miedo y han hecho sangrar a la Mara Salvatrucha 13.

5

NACE UN BARRIO

El día de 1978 que mataron a José Caballero, él estaba en una reunión. Discutía con otros dirigentes sobre la necesidad de tener un cementerio comunal. El barrio era nuevo y lo que ahora es un denso entramado de callejoncitos oscuros, calles de tierra y casitas enclenques, por aquellos años eran enormes y frondosos campos de caña, potreros y tierras abandonadas por las grandes bananeras. José Caballero junto con un grupo de hombres se habían tomado estas tierras a la usanza de aquellos tiempos: básicamente había que juntar un grupo grande de gentes sin casas, de las cuales abundaban luego del huracán Fifí, y entrar por la noche a los terrenos vacíos, poner un campamento y esperar que el terreno no le perteneciera a algún importante terrateniente. La estrategia de las plagas. Si todo salía bien y la tierra era del Estado, podía haber negociaciones y estos dirigentes organizaban la venta de las parcelas, quedándose ellos, por supuesto, con una tajada.

La tierra estaba tomada, las casas de barro y caña brava estaban armadas, pero como dijo José Arcadio Buendía en la novela *Cien años de soledad* del maestro Gabriel García Márquez: «Uno no es de ninguna parte mientras no tenga un muerto bajo la tierra». Necesitaban un cementerio, y su habitual contenido, para dar por fundado el barrio.

Ese día, José Caballero hizo una propuesta: que el cementerio llevara el nombre del primer muerto que en él se enterrara. Todos estuvieron de acuerdo. Finalizada la reunión, un hombre se acercó a José. Estaba molesto. José lo había estafado, decía. Le pidió dinero. José se negó y ahora el cementerio lleva su nombre.

El hombre le pasó una cuchilla de zapatero por la garganta y José se desangró frente a todos. Desde ese día hasta ahora, José Caballero, el cementerio, no ha parado de tragar cuerpos.

De los fundadores, esos que organizaron grupos y se tomaron las tierras que hoy son el barrio Rivera Hernández, quedan pocos. Fueron asesinados. Varios de los viejos que cuentan estas historias fueron sus asesinos. A don Salomón, hombre que sustituyó a José Caballero como presidente del patronato, lo asesinó a machetazos don Andrés, un anciano maltrecho que ahora se queja de los balazos que le dejó Salomón, hace más de treinta años, antes de morir magullado por los machetazos que le dio con su machete sin filo.

Algún tiempo antes de estas muertes también asesinaron en las cercanías de la Fiscalía de San Pedro Sula a Carlos Rivera, el presidente del primer patronato de la zona. En su honor se le nombró a todo el sector, y a una escuela, con su apellido. El otro apellido del sector, Hernández, es el de los primeros dueños de uno de estos terrenos.

Había nacido un tugurio, una favela, una villamiseria, una comunidad, un gueto… Hay tantos nombres para llamar a estos lugares.

Como en un Macondo distorsionado y perverso, acá las primeras casas estaban también hechas de barro y caña brava, muy cerca había rocas pulidas, enormes como huevos prehistóricos, pero sin río de aguas diáfanas. En este Macondo, las cosas, como la tierra, no solo tenían nombre, además tenían dueño.

En los relatos de los viejos, los conflictos comunales parecen calcados, son todas pequeñas guerras por los recursos o esas tierras. No grandes extensiones, sino pequeñas parcelas, la mayoría de unos cuantos metros cuadrados donde apenas cabía una modesta carpa.

Una de las personas que nos habla de esos años de muerte y fundación es Juan Ramón. A él llegué haciendo una de las preguntas que todo antropólogo quiere hacer antes de morir: «¿Podrían llevarme donde el hombre más viejo de la comunidad?».

Juan Ramón es un señor de piel oscura y pequeño, es pastor evangélico desde hace treinta años y, aunque en realidad no es el más anciano de todo el barrio, es una de las personas más respetadas de la zona. Le gusta hablar, contar acerca de los innumerables muertos que vio caer en la fundación de las diferentes colonias del Rivera Hernández. Los conoció a todos y, luego de un cuento sobre un asesinado, cierra el relato con el paradero del asesino. Si no fue ya asesinado también, seguro vive a algunas cuadras de su casa y «hace poquito» habló con él.

Son justamente los nietos de estos hombres los que ahora pelean a muerte por lo mismo: tierra. Igual que sus ancestros, los muchachos de las pandillas riegan diariamente con su sangre este pedazo de mundo. La maldición de este barrio parece ser el control del espacio.

Los viejos cuentan que luego de un par de meses de haber sido montado el primer campamento, llegó otro grupo, y alrededor de este, otro. Así se fueron apiñando con una fuerza magnética los asentamientos que, con el tiempo, se volvieron colonias. Algunos campamentos buscaron estrategias desesperadas.

Un patronato bautizó a su campamento como Asentamientos Humanos. Creyeron que esto evocaba «derechos humanos», de manera que si le recordaban al Gobierno su condición de personas, conseguirían que no los sacaran de ese terreno, como sucede con las plagas.

La mayoría de los grupos lo logró y los campamentos se volvieron enormes colonias que la guerra entre pandillas y bandas han hecho célebres en la prensa local.

El sector Rivera Hernández siempre fue conocido por su violencia. Mucha gente vivía apiñada, al límite, en condiciones de gran escasez, donde lo poco que había se debía pelear con machete. Los viejos recuerdan una larga lista de muertos y lesionados por pequeños conflictos. El cementerio José Caballero está lleno de hombres y mujeres jóvenes que fueron asesinados por sus mismos vecinos. Sin embargo, era una violencia de uno a uno, sin mucha estructura y sin grupos grandes, a lo sumo familias peleadas históricamente por algún muerto antiguo. Acá, y lo verán más adelante, los muertos suelen llamar a otros muertos.

Los grupos violentos vinieron después. Con las deportaciones masivas desde Estados Unidos, en la administración del republicano George Bush, llegaron varias pandillas de origen californiano, entre ellas las más célebres en esta región: la Mara Salvatrucha 13 y la pandilla Barrio 18. Estas estructuras, y los grupos que surgieron para combatirlas, son ahora quienes gobiernan, *de facto*, no solo el sector Rivera Hernández o la ciudad de San Pedro Sula u Honduras misma, son quienes controlan gran parte del territorio del norte de Centroamérica y sur de México. Estructuras con vínculos muy complejos con sus pares en California, Virginia, Washington y Nueva York.

Pero para entender la historia de estos grupos en el sector Rivera Hernández, y su viaje cíclico y vertiginoso desde California hasta Centroamérica, y de regreso, tenemos primero que volver en el tiempo a 1990, a una cancha polvosa y una pelea de boxeo callejero. Antes de que los Locos de Vesubio, ni sus enemigos, hubiesen siquiera nacido.

6

EL BANDIDO MÁS LOCO

A Román se le conocía por ser el único vendedor de marihuana del barrio en 1990. Él fue el primero en descubrir el potencial comercial que tenía la hierba entre los jóvenes y adolescentes del sector. Se iba en su moto vieja hacia La Lima, cerca de donde está el aeropuerto sampedrano, y regresaba cargado con un costal de hierba. Román nunca escondió la droga. Todo lo contrario, procuraba pasearse con el enorme costal, que amarraba con pedazos de un viejo neumático a la parte trasera de la moto, por todas las calles posibles. Como estrategia de *marketing* era primitiva, por decir lo menos, pero efectiva. Los policías del pequeño puesto policial preferían evitar malos ratos con el joven bandido. La vez que un capitán quiso increparlo, Román le propinó una golpiza.

—Le daba bien duro el Román con las rodillas al pobre capitán. A ese hombre le bailaba el fusil con cada rodillazo —recuerda un testigo de aquella paliza.

La poca legitimidad que estos uniformados tenían en ese barrio, por lo menos durante esos años, provenía de sus pistolas. Bueno, Román también tenía una, así que era tan legítimo como ellos y, por lo tanto, su negocio también lo era.

Román procuraba comprar sus costales de hierba los domingos, días de futbol en la cancha de tierra del sector. Esperaba a que el partido comenzara y entonces pasaba a toda velocidad en medio de la cancha, soltando balazos al aire y gritando improperios. Otra estrategia mercadológica bastante cuestionable, pero, igual que la anterior, efectiva. Después de este *performance*, la gente sabía que había marihuana en casa del joven bandido.

Román estaba muy cómodo sabiéndose origen de historias y cuentos. Su negocio le permitía algunos lujos y le garantizaba un flujo estable y constante de dinero. ¿Quién no quiere un negocio donde los clientes lleguen hasta tu casa y no tengas competencia? Pero había algo que a Román le molestaba. De hecho, le molestaba mucho.

A unas cuadras de su casa vivía un muchacho de 19 años, alto, rubio y musculoso. Sus padres se fueron a Estados Unidos y lo dejaron solo. El chico era un especialista en lo que él mismo llamaba «caza de aves domésticas», un arte también conocido como robo de gallinas. Cuestión de enfoque.

El Ruso le llamaban, y no solo era diestro en su arte, sino que además era un gran maestro. En su casa recibía a niños y adolescentes que preferían vivir, y cazar, con él en lugar de quedarse con sus familias, si es que las tenían. Era una especie de Peter Pan y con sus muchachos del Nunca Jamás se volvieron el azote de los vecinos y el terror de las gallinas. Su negocio no era tan rentable como el de Román, pero era, eso sí, infinitamente más divertido.

Un día, varias vecinas formaron un alboroto en la comisaría. Por la noche, desaparecieron alrededor de treinta gallinas; algunos dicen que fueron cincuenta, los menos escrupulosos dicen que fueron cien. Los agentes fueron directo a la casa del Ruso y su banda de muchachos sin hogar, y, efectivamente, encontraron las gallinas. Solo que estas ya estaban crujientes dentro de una freidora. El Ruso tuvo que marchar, cargando la freidora llena, hasta la delegación, ante las miradas de todo el barrio. Las historias dicen que no dejó de sonreír en ningún momento. Dicen que el barrio se llenó de olor a gallina frita y que esa noche los policías comieron muy bien.

Después de esa escena, el título del bandido más «loco» de Rivera Hernández estaba en disputa.

Unos me dijeron que fue la gente quien los incitó a pelear, otros que se encontraron en una tienda y se retaron. Incluso hay quien me aseguró haber sido él mismo quien organizó aquel evento. El caso es que Román y el Ruso se citaron en la cancha del barrio para definir a puños de una vez por todas quién era el bandido más loco del Rivera Hernández.

Cuando los hombres no tienen mucho, o cuando no tienen nada, el honor se vuelve todo.

A la pelea asistió buena parte del barrio. Fue un domingo por la tarde y según todos los testigos, todos con los que hablé al menos, y hablé con muchos, fue el evento más grande hasta ese momento desarrollado en Rivera Hernández.

—El Ruso tiró primero. Pero Román ya estaba algo más garrudito y lo pudo dominar —dice uno de los que vio aquella pelea de bandidos.

Igual que con la organización del evento, hay infinitas versiones sobre aquel enfrentamiento.

Unos me dijeron que duró media hora, otros que dos, otros me aseguraron que en realidad duró toda la tarde. Todos coinciden en que fue memorable. Gallos valientes, perros furiosos, rebeldes primitivos levantando polvo mientras el sol les tostaba la cólera.

Cuando los hombres que no tienen nada pelean por ese todo que es el honor, las peleas pueden ser muy jodidas.

Después de un tiempo imposible de definir, goteando sangre y con el cuerpo magullado, se levantó un hombre. De ahí en adelante, solo él podría ostentar el título del bandido más loco de Rivera Hernández.

Román, el Loco.

Después de la derrota y de ver el preciado título escapársele de entre los dedos, el Ruso siguió robando gallinas y acogiendo a muchachos rotos como él. Un día, dos muchachos, hijos de un dentista, golpearon a su hermano menor, de quien él se encargaba. Ruso fue y les cobró caro su error. A uno le golpeó tanto la cara que los testigos, ese conglomerado anónimo del que tanta mano debo echar, escogieron el adjetivo «monstro» para describir cómo se la dejó. El otro recibió una golpiza más leve y su cobardía lo salvó de quedar deformado como su hermano. Huyó.

Los dos muchachos eran hijos de un hombre considerado rico en la miseria de Rivera Hernández. Tenía carro, una carrera, o al menos un oficio, y sus hijos estudiaban en el centro de San Pedro Sula. En su casa no faltaba la comida. La riqueza es de las cosas más relativas del mundo.

El dentista llegó a casa del Ruso en las primeras semanas de 1991. Le dijo que no se preocupara, que él había pasado página, que son cosas de muchachos. Cuando el Ruso se bajó de un muro, donde estaba sentado, para estrechar la mano del dentista y dar por finalizado el altercado, este le metió nueve tiros en el cuerpo. Ruso tenía 19 años. Los niños, esos niños suyos del Nunca Jamás, quisieron ayudarlo, pero nueve tiros son muchos tiros. Con la muerte del Ruso volvían al abandono en las calles de polvo y sol. Al aburrimiento y al hambre.

Su vela fue como sería la de Peter Pan.

Los niños, después de dejar al Ruso en las entrañas del cementerio José Caballero, fueron a la casa del dentista. Fueron para matarlo, pero ya se había ido. Así que tuvieron que conformarse con darle fuego a la vivienda. La quemaron varias veces hasta que las columnas y las paredes cedieron. Luego, ellos mismos se hicieron humo. Se separaron y se esparcieron por el Rivera Hernández.

Entre esos niños perdidos estaba B. Vivía con el Ruso desde que su padre le propinó una golpiza. Ruso había sido como un padre para él. Ni siquiera el fuego reparó su pérdida, y la venganza hizo nido en aquel muchacho.

El destino de Román, el Loco, no fue muy diferente. Román siempre prefirió trabajar solo, pero el negocio crecía, así que tuvo que contratar a unos cuantos muchachos. Uno de ellos, apodado Chele Mudo, le pidió hablar con él en privado. Estaban en una fiesta de la comunidad, así que tuvo que salir. Chele Mudo corrió y entonces Román, el Loco, supo, o eso me imagino, que estaba en una emboscada. Entonces recibió la primera descarga de una escopeta, luego otra. Luego ladró una pistola, luego mordieron los hijos de un AK-47.

En el barrio hay tantas formas de decir que a un hombre le metieron balas en el cuerpo.

Román, el Loco, corrió hacia la casa de su hermana. En el camino disparó, pero no acertó. Logró, herido y sin aliento, entrar. Ahí se sentó en un sofá con los ojos bien abiertos. Ya no tuvo fuerzas para disparar de nuevo. Un hombre entró y le dio varios balazos en la cabeza. A Román, el Loco, el bandido más loco de Rivera Hernández, el gallo más gallo, hubo que enterrarlo con el ataúd cerrado antes de ofrecerlo a las entrañas del José Caballero.

Para muchos de los que cuentan esta historia, no fue una sorpresa que a Román, el Loco, lo mataran. Dicen que había retado a la gente equivocada.

Si el lector conoce algo de literatura latinoamericana, se podría decir que esta es la crónica de una muerte anunciada. Si tiene buena memoria, diría que Román, el Loco, fue de alguna forma Santiago Nassar, y los hombres que lo mataron, los hermanos Vicario.

Los asesinos venían de una de las colonias de Rivera Hernández llamada Llanos de Sula. Ahí se formaba una familia de hombres rudos, de sombrero y escopeta. Eran ganaderos, vendedores de granos básicos y comerciantes. Esta familia no estaba dispuesta a tolerar las correrías de bandidos. Esta familia decía venir de Olancho, aunque en realidad llegaron desde La Mosquitia, tierra olvidada de Honduras. Pero de ellos, sus escopetas y sus historias novelescas, hablaremos más adelante. La historia de la familia Rodríguez Carrión será importante en este libro, pero no en esta parte.

DIARIO DE CAMPO

(COMIDA DE CERDOS. AGOSTO DE 2018)

En la colonia Cerrito Lindo de Rivera Hernández, en un terreno improvisado como cancha de futbol, dos equipos disputan el espacio con una manada de cerdos que corretea entre los jugadores buscando basura. Deben detener las jugadas y esperar hasta que pase el último de los animales. Golpearlos o espantarlos no es una buena opción, ya que las cerdas caminan con sus puerquitos y solo Dios sabe lo furiosas que pueden ser estas criaturas cuando uno amenaza a su prole.

A un costado, Quato, un motociclista y vendedor de gas, íntimo colaborador del Barrio 18 de esta colonia, observa a los cerdos y cuenta una anécdota. Dice que esos animales son de una vecina. La mujer convirtió su traspatio en una porqueriza, si se puede llamar así a esos cuatro hoyos de lodo pestilente atestados de zancudos, y metió allí a varias cerdas preñadas.

Estas eran liberadas por la noche para que comieran la basura que la gente de la colonia tiraba en los costados de la cancha, ahorrándose así el dinero que cuesta el concentrado para cerdos. Quato afirma que en más de una ocasión, estos animales incluso sacaron cadáveres que el Barrio 18 dejaba semienterrados en ese mismo pedazo de tierra. Pero esa no es la anécdota principal. Es solo un comentario al margen que Quato hace para complementar su historia.

Resulta que un señor llegaba a cortar zacate en el mismo terreno y, aprovechando la oscuridad de la madrugada, metía cada vez un puerquito en su costal. La vecina lloraba afligida en las mañanas: «¡Me robaron otro puerquito, hijos de puta!». Quato conocía las fechorías del viejo cortador de zacate. Lo había visto varias veces mientras él preparaba su buseta para el trayecto diario. Un día, harta de tanta bellaquería y de ver depredada su hacienda y sus ingresos, la vecina ofreció regalar un puerquito vivo a quien le revelara la identidad del ladrón. Quato, quien hasta entonces no había abierto la boca porque no veía ningún beneficio personal en ello, decidió delatar al viejo truhan.

—¡Mire, Juan! —me dijo Quato, bajando la voz hasta llevarla casi al secreto—, a los diítas que le dije yo a la señora, apareció muerto el señor. Ahorcado lo hicieron y... —Quato espera un poco para generar expectativa y hace el remate de su historia— ni me dieron el puerquito, ja, ja, ja, ja.

Quienes escuchamos nos reímos a carcajadas, tomándonos con nuestras manos el abdomen. Quato es un gran contador de historias y le encanta su rol de comediante. Lo pienso un poco y creo que no debería parecerme gracioso el asesinato

del viejo, que no vine hasta acá para eso, que no es políticamen-
te correcto, pero Quato de verdad que lo contó muy bien.

El partido termina cuando el sol comienza su descenso. Los
jugadores se van a sus casas, yo me quedo con mi risa culpable a cuestas, y las puercas y sus puerquitos, al margen de mis
diatribas artificiales y estériles, continúan su interminable bús-
queda de basura por los terrenos-cementerio de Cerrito Lindo.

7

CALIFORNIA LLEGA
AL CARIBE HONDUREÑO

Bajo el ardiente sol del invierno hondureño, en un taller casero rodeado de trabajadores y telas, me encuentro con B. Si se le observa detenidamente, aún se pueden ver las cicatrices de sus días de vida desenfrenada en los años noventa. Estamos en julio de 2019, y el calor convierte su casa-taller en un invernadero. Nos encontramos en el territorio de la Mara Salvatrucha 13, y B no confía en sus trabajadores. Sospecha que podrían ser colaboradores de la Mara y teme que, si escuchan su historia, lo delaten. Por lo tanto, me pide que salgamos del taller y nos alejemos un poco antes de comenzar a hablar. Su desconfianza ha sido su coraza protectora, pero le da mucho calor, literal. B trabaja durante ocho horas usando un suéter que le cubre hasta las muñecas y se cierra hasta el cuello. Debe ocultar los tatuajes que delatan su pasado.

Con el calor sampedrano, esto supone un verdadero sacrificio.

Ahora su coraza también me produce calor. Decide que un lugar seguro para hablar es la entrada de una casa abandonada donde el sol da de lleno a esta hora. Es seguro porque nadie nos escucha, pero el sol es bravo aquí, da tan fuerte y tan directo que genera picazón en la piel y mareos después de unos minutos. En este lugar decide que pasaremos las siguientes tres horas. En este sitio me regala su historia.

B fue uno de esos niños perdidos que lloraron la muerte del Ruso. Estuvo en el grupo que quemó la casa de aquel dentista asesino y que luego se dispersó a su suerte por las calles polvosas del Rivera Hernández.

Más o menos un año después de la muerte del Ruso y Román, el Loco, se formaron dos grupos. Si nos apegamos a las definiciones clásicas de Frederic Thrasher, considerado el padre de los estudios sobre pandillas, probablemente se les llamaría *pandillas*. Si regresáramos a esos años y los viéramos, sería difícil acomodarlos ese concepto, tan ligado al hiphop, los tatuajes, los grafitis y la modernidad.

Estos grupos lucían como otra cosa. Eran hombres jóvenes y su única arma, o la más importante, eran los machetes y, de no ser por que reclamaban un territorio y peleaban de forma cíclica y sistémica entre sí, bien podrían confundirse con grupos de campesinos enojados.

Se llamaban los Soba Soba, diminutivo de sobados, que en buen argot centroamericano significa locos, y los Corre Corre. B no tiene idea por qué. Se peleaban en los bailes, momentos especiales en los asentamientos hondureños desde principios de siglo. Estos bailes eran, y aún son, ritos de institución, ocasiones para reafirmar los valores socioculturales importantes de la localidad, momentos liminares de transición en donde se fortalece la identidad comunitaria y en donde se compite por el prestigio social, dirá la antropología folclorista. En palabras de un antiguo participante, estos eventos eran: «Una sola horchata. Ahí se juntaban de todas las colonias del barrio y ahí se miraba quién era quién».

Los Soba Soba y los Corre Corre fueron las primeras agrupaciones pandilleriles del barrio. Los primeros en darse cuenta de que el prestigio, el respeto y el poder no se piden, se arrebatan.

Shumo, un muchacho de Rivera Hernández, miraba todo esto con ojos de oportunidad. Él ya conocía estas dinámicas, pero en otra parte. Fue deportado desde California a principios de los noventa. Se fue con su familia a mediados de los ochenta a Long Beach buscando un futuro menos caprichoso que el que les auguraba una Honduras llena de conflictos políticos y escuadrones de la muerte. Ahí se enlistó en una pandilla de origen hispano, la Barrio Pobre 13. Una de los cientos de pandillas hispanas del sur de California. Estas pandillas pertenecen a un sistema muy complejo y muy difícil de explicar en pocas páginas, pero lo intentaré: desde la ciudad de Bakersfield hacia el sur, domina, entre las pandillas de latinos, la Mexican Mafia. Es una especie de conglomerado representativo de todas las pandillas conformadas por hispanos. Las pandillas, para demostrar su pleitesía y su afiliación a este conglomerado, se colocan el número 13 al final de sus nombres, pues la letra «M» es la decimotercera letra del alfabeto español. Como dije, es complejo.

La cuestión se vuelve más difícil dentro del sistema penitenciario californiano. En la calle, estos cientos de pandillas pelean entre sí. Pero, una vez llegan al sistema carcelario, se unen como hermanos, se olvidan, por un tiempo, de su identidad de pandilla y se llaman entre sí *sureños*. Ahí se enfrentan contra los sistemas de pandillas de afroamericanos *Bloods* y *Crips*, las pandillas de origen asiático y las pandillas de anglos o blancos. Un caos delicadamente diseñado.

En el barrio Rivera Hernández de San Pedro Sula, la complejidad se reducía a tremendas escaramuzas en las que el machete era protagonista y donde la vida cotidiana aún guardaba un fuerte lazo con los pueblos y caseríos rurales, con las casas de caña brava y el tedioso trabajo de convencer a la tierra para que te ofrezca comida.

Para Shumo nunca fue opción zambullirse en ese sistema de machetazos sin orden y escaramuzas pueblerinas. A Shumo no le gustaban los sombreros ni las botas. Él se vestía con Nike Cortez, overoles Dickies y Ben Davis, con gorras Nike o pañuelos azules.

Hablaba inglés y estaba tatuado. Pronto llamó la atención de muchos niños y jóvenes. Fue un imán. Cerca de diez muchachos, los discípulos del alegre ladrón de gallinas, rápidamente quedaron deslumbrados por las ropas de

Shumo, sus palabras extranjeras, sus bailes extravagantes y solitarios junto a una radio de baterías y su desprecio por el sistema rural y violento de los Soba Soba y los Corre Corre.

En cuestión de semanas, Shumo formó una sucursal apócrifa de la pandilla Barrio Pobre 16. Este último número hace alusión a la calle donde supuestamente se fundó la pandilla. Shumo no quiso ponerle el 13, el número que realmente le correspondía por ser una pandilla sureña; no quería que los confundieran con otra pandilla que estaba arribando desde California y que se extendía en el centro de San Pedro Sula: la Mara Salvatrucha 13.

B fue uno de los que se dejó seducir por los bailes y las ropas de Shumo. Desde que mataron al Ruso, se quedó buscando quién pastoreara su vida, y en Shumo encontró a un pastor.

Cuando los Barrio Pobre 16 lograron un buen número de afiliados, Shumo decidió hacer su primera demostración de poder. Con esto buscaba cambiar el orden del barrio: pasar de las bandas de campesinos temperamentales a las pandillas de cholos, con un pie acá y el otro en California.

Buscaban a las primeras víctimas.

Esa noche, los Corre Corre estaban en uno de los callejones que correspondían a su territorio. Nada. Pasaban la noche con licor de caña y cartas. Por la tarde, habían golpeado a un Barrio Pobre 16. Parece que el muchacho los insultó o no mostró el respeto suficiente, y los Corre Corre le dieron un «correctivo». Nada muy violento, solo unos moretones y el orgullo roto. Esta fue la excusa que necesitaba Shumo para probar su fuerza y la de sus nuevos discípulos. Se lanzaron al ataque. Tenían chimbas, armas artesanales que pueden disparar un cartucho de escopeta calibre .12 usando dos tubos.

—Vaya, hijos de puta. Manos arriba —dijeron fogosos los Barrio Pobre 16. Eran hermanos menores usurpando el lugar de los primogénitos.

—Cálmate, Shumo. Al suave. No te pongas así, hombre —dijo Manotas, uno de los Corre Corre, mientras Triposo daba pasos cortos hacia atrás, hacia un arbusto.

Manotas, Triposo y Trigueño se hicieron una señal y se lanzaron al unísono hacia los arbustos, de donde sacaron machetes de doble filo, los mismos que se usan en los cañales y las bananeras. Ningún Barrio Pobre 16 logró detonar su carga, o por lo menos, ninguno tuvo puntería. En cambio, los machetes sí cayeron fuertes y certeros sobre los Barrio Pobre 16. Las chimbas quedaron obsoletas, y nadie siguió la estrategia. Chillaron como cerdos en un matadero, corrieron. B logró tirarse en una zanja. Tuvo suerte, solo recibió dos machetazos en los hombros, de los cuales ahora dan fe dos grandes cicatrices. Otros perdieron manos, dedos. Shumo casi pierde la vida. Lo encontraron caminando con la mirada perdida y la cara pálida. Los machetazos le cayeron en la espalda y casi lo parten.

—Al Shumo se le veían los huesos y los músculos, casi lo matan. Andaba caminando como si fuera un zombi, no hablaba cuando lo encontramos. Había botado toda la sangre —dice B.

El día de las pandillas californianas llegaría a Rivera Hernández. De hecho, llegaría pronto. Pero no fue ese día. Ese día aún estaba bajo el imperio de los machetes.

DIARIO DE CAMPO

(LOS MUERTOS ENSEÑAN COSAS. 3 DE DICIEMBRE DE 2018)

En la comunidad Vesubio del sector Rivera Hernández, asesinaron a un muchacho el sábado pasado, 1.º de diciembre. Le dieron varios balazos y huyeron en un carro. Hace unos meses, también mataron a un hombre en la misma calle. Parece ser una represalia.

El domingo, otros hombres en otro carro llegaron a la colonia y mataron a otro chico. La misma tónica. Llegaron, dispararon y se fueron. Este es el tercer hijo que entierra la madre de la víctima; los otros dos también fueron asesinados. La muerte se los llevó en orden. Primero el mayor y el menor al final. Así como vinieron a este mundo, así fueron retirados.

Hoy también hay muerte. Pero esta vez la tónica ha cambiado. Llegaron en un carro y en lugar de disparar, dejaron un bulto y se fueron. Envuelto en una sábana estaba el cadáver de un muchacho, o lo que dejaron de él. Todo esto en las mismas tres cuadras. En la misma semana.

También hoy, a tan solo 40 m de la casa del pastor Pacheco, un amigo y guía en el barrio, amaneció otro bulto similar. Una mujer que caminaba a las cuatro de la madrugada rumbo a su trabajo en la maquila vio unos zapatos femeninos. Los vio nuevos y pensó en recogerlos. Cuando los tomó, vio un pie y sintió sangre en la mano. Soltó el zapato y se fue de allí llorando. Cuando llegó la luz y los vecinos fueron saliendo hacia sus trabajos, se juntaron alrededor del bulto y lo destaparon. Era el cadáver de una mujer joven, muy joven. Estaba amarrada por el cuello, tobillos y muñecas. Dieron aviso a la policía, pero cuando regresaron del trabajo por la tarde, el cadáver aún estaba allí. El sol lo había hinchado y el olor, dulzón y agudo, comenzó a invadir la colonia.

La policía envió a una pareja de agentes para cuidar el cuerpo. Estos colocaron cinta amarilla y desde el mediodía vigilan el cadáver de la muchacha mientras se hincha bajo el sol y la humedad del valle de Sula.

La gente camina tranquila, los niños juegan con la cinta amarilla. No es la primera ni será la última muerte que vean en su colonia. Un vendedor de helados se estaciona con su carretón, en el cual ha instalado una pequeña bocina que reproduce una melodía, como si anunciara un circo.

«Tin tirintirin tirin, helados, sorbetes, paletas y más», suena una y otra vez en un *loop* infernal pregrabado. El cuerpo se está pudriendo, los policías se están asando, tin tirintirin tirin, helados, sorbetes, paletas y más. Los niños juegan con el cordón, el sol comienza a ceder, tin tirintirin tirin. Las mujeres se juntan en la esquina. Una de ellas se ríe a carcajadas de la mujer que encontró el cuerpo. Dice que si la matan, les da permiso de llevarse sus zapatos. Otra señora dice que todo esto, toda esta locura, ya estaba escrito en la Biblia, tin tirintirin tirin.

Una mujer llega llorando. Se acerca a los policías y les pregunta dónde está el cadáver. Se aproxima al bulto, le descubre la cara con amor, despacio. Lo mira fijamente y se levanta. No. No es ella, no es la suya. Ella busca a otra muerta, a su hija que fue raptada hace poco tiempo. Se va llorando. Tendrá que soportar más tiempo el peso de la esperanza. Tin tirintirin tirin.

Arriban los canales de noticias, llega Canal 6, llega HCH, llega Canal 11. Se turnan para tener como telón de fondo a los policías y al bulto de la muerta, que cada vez se vuelve más protestona, hinchada y maloliente.

Los muertos, cuando son ajenos, son compañía habitual y prolongada en el barrio. Nadie aquí los sufre porque no son los suyos, pero aun así deben compartir el barrio con ellos. No son visitantes corteses. Se pudren, se derraman, se apestan. Son escandalosos. Atraen a los perros con su hedor e invitan a los buitres a bailar en el cielo su danza circular. Se cuelan en las viviendas en forma de tufo y obligan a las mujeres a derramar detergente por la casa o quemar basura, lo que la pobreza les permita.

Pero los muertos, después de causar tantas molestias, también han encontrado un propósito en el barrio. Ayudan en la autorreferencia. «La tienda de allá, donde dejaron a la ensabanada», y esos puntos terminan formando parte del barrio. Con el tiempo, será la «tienda de la ensabanada» o simplemente la «ensabanada».

También sirven a los padres en la educación de sus hijos:

—¿Ya viste cómo tenía el pelo la cabeza que botaron en el parque? Así, igualito a vos —dijo Moncho Pacheco a su hijo para convencerlo de un nuevo corte.

—Mira, como la desmembrada del parque vas a terminar si andas saliendo a esta hora —le dijo una madre a su hija adolescente.

Con la llegada de la noche, la gente se olvida de la muerta y ella, sin el sol como aliado, deja de hacer berrinche. Se descompone en paz junto a los dos policías, a la espera de que el personal de Medicina Legal venga por ella.

Tin tirintirin tirin, helados, sorbetes, paletas y más.

8

CALIFORNIA LLEGA
AL CARIBE HONDUREÑO

Para los primeros años de los noventa, fuera del barrio Rivera Hernández, en otros barrios marginales de la ciudad, ya existían pandillas antes que los Corre Corre o los Soba Soba. No habían llegado al barrio, pues este era apenas un conjunto de campamentos desordenados a 11 km del centro de la ciudad, nada de prestigio habrían encontrado ahí. Solo machetes y unos tipos que sabían usarlos.

Desde la década de 1970, la ciudad era un hervidero de bandas y pandillas de modesta envergadura.

La pandilla más antigua de los registros sampedranos, o por lo menos la que ha logrado trascender en el registro mental de los habitantes de la ciudad, es la Mao Mao. Este grupo ha sido un enigma para los que nos dedicamos a estudiar pandillas en el norte centroamericano. No hay reporte de que aparecieran en California antes que en Centroamérica. Alrededor de 1970, cuando el Barrio 18 era una pandilla más en California y la Mara Salvatrucha 13 aún no se había siquiera formado en esa misma ciudad, hay registros de que los Mao Mao ya estaban en los barrios marginales de El Salvador, Guatemala y Honduras. A primera vista, vendría siendo como la primera pandilla de presencia transnacional en la región.

En esta parte de la historia de la ciudad encaja a la perfección la frase: «El aleteo de una mariposa en Tokio puede desatar una tormenta en Nueva York». Adaptada a esta historia sería algo como: «Una rebelión independentista en África puede bautizar a una pandilla callejera en San Pedro Sula».

Hilar esta madeja de historias será un verdadero reto. Ustedes, al final del capítulo, dirán si lo logré o fallé.

A principios de la década de 1950 se desató una rebelión en Kenia. Los protagonistas, en mayor medida, fueron los miembros de una de las tribus o grupos etnolingüísticos más numerosos de Kenia: los kikuyos. Esta rebelión se conoció como la rebelión de los Mau Mau. La rebelión fracasó ante el poderío de las fuerzas coloniales británicas en la siguiente década; es lo que suele suceder cuando los David retan a los Goliat. La rebelión terminó, pero de ahí en adelante los británicos ya no pudieron frenar el ímpetu de libertad de los kikuyos y de la mayoría de kenianos, que en 1963 finalmente obtuvieron su independencia.

Mientras esto pasaba, unos muchachos puertorriqueños, a 11 829 km de distancia, seguían este proceso con atención desde Nueva York. La fascinación fue tanta por esa lucha lejana y romántica que a la nueva pandilla que estaban formando la llamaron Mau Mau, como los guerrilleros kenianos. Con el tiempo, y como una adaptación lingüística, terminaron siendo los Mau Maus.

No fue memorable por su violencia, ni célebre por su gran membresía. Era una pandilla más que peleaba con chacos, bates y cuchillos en los callejones de la ciudad.

Pero la mariposa aleteó otra vez.

En una noche de 1957, un pastor evangélico originario de Indiana, de nombre David Wilkerson, leyó una revista *Times*. Ahí conoció la historia de un asesinato en Nueva York, el del niño Michael Farmer, a manos de la pandilla callejera de origen latino Dragones Egipcios. El pastor viajó a Nueva York y fue hasta la Corte donde estaban siendo enjuiciados aquellos muchachos. Wilkerson quiso hablar con ellos, pero el juez, comprensiblemente molesto por la intromisión de un desconocido, lo hizo sacar a empujones de la sala y del recinto. Así está escrito en todas sus biografías. Así lo contaba el mismo Wilkerson en sus prédicas muchos años después.

El pastor, obstinado en lo que creía era una misión divina, empezó a buscar contacto con pandillas para hablarles de Dios. Se metió en el bajo mundo, pateó los callejones y burdeles, se metió en los bares y centros de apuestas de Brooklyn en busca de muchachos como los del juicio. Al fin dio con una pandilla. Una de puertorriqueños. Los Mau Maus.

Wilkerson pasó muchos meses tratando de convencerlos de abandonar la pandilla y seguir a Jesús. Pero los Mau Maus eran duros de roer. Tuvo que pasar con ellos mucho tiempo, innumerables noches y madrugadas, conocer sus historias, sus familias, sus dramas personales. El pastor se ganó su confianza. Como dice el refrán: tanto va el cántaro al río, que acaba por romperse. En los primeros años de la década de 1960, el pandillero puertorriqueño Nicky Cruz decide, después de muchos sucesos y mucha insistencia, dejar un grupo por otro. Dejó la pandilla y se volvió miembro de la iglesia en ciernes del pastor Wilkerson. El momento quedó inmortalizado en una fotografía en donde Nicky Cruz, en un evento simbólico después de su conversión, aparece cambiando un bate de beisbol, su arma favorita, por una Biblia entregada por el pastor Wilkerson. A Cruz le siguieron más. Este pastor fue a buscar su rebaño en una manada de lobos.

Todo esto pasó a 3 112.97 km de San Pedro Sula.

El pastor escribió un libro, uno de tantos —tiene al menos treinta libros publicados—, en donde narra esta historia, *La cruz y el puñal*. La obra se publicó en 1963 y se volvió un *bestseller* en poco tiempo. En 1970, bajo la dirección de don Murray, se adaptó al cine. El film, a pesar de ser una película basada en un libro cristiano, se volvió muy comercial, llegando a exhibirse en cines de toda América Latina, Estados Unidos y Europa. El éxito de la cinta tiene que ver, entre otras cosas, con que el papel de Wilkerson era interpretado por Pat Boone, uno de los ídolos pop de los años cincuenta y sesenta, llegando incluso a competir en fama con el mismísimo rey del *rock and roll*, Elvis Presley, según varias revistas especializadas en el género.

La cruz y el puñal fue además uno de los primeros trabajos actorales del célebre Erik Estrada, quien hizo el papel de Nicky Cruz. Estrada fue, años después, protagonista de una de las novelas más célebres en Mesoamérica, *Dos mujeres, un camino*, producida por Televisa.

Ha sido difícil obtener datos sobre la taquilla de la película en San Pedro Sula; lo que he logrado concluir es que la película llegó a las salas de cine de la ciudad el mismo año que se estrenó en Estados Unidos, que poco tiempo después fue presentada en canales locales hondureños y que fue bien recibida por las diversas comunidades religiosas y seculares de la ciudad.

En ese mismo año, aparecen en toda San Pedro Sula varios grupos de pandillas que, como los pandilleros de la película, peleaban con chacos, bates y puñales. Se hacían llamar Mau Maus. ¿Coincidencia?

—Los Mao Mao eran una pandilla tradicional. Una pandilla ética —dice Ernesto Bardales, uno de los mayores conocedores de las pandillas hondureñas. Es un hombre pequeño, de lentes gruesos y aspecto desaliñado, que maneja una vieja *pick-up* Nissan a una velocidad extrema, que no es en absoluto congruente con el aspecto del vehículo.

Su estudio de las pandillas bien podría decirse que es casi autobiográfico. Lleva por lo menos tres décadas estudiando estos grupos y es una verdadera enciclopedia humana a la hora de hablar de pandillas sampedranas. Creció en el barrio Sunsery del centro de la ciudad y sus primeros referentes de prestigio fueron los pandilleros Mau Maus, que, con el tiempo y el proceso de tropicalización de las palabras, terminaron siendo Mao Mao.

—Ellos eran los catrines (elegantes) del barrio, los bien vestidos. Cuando había fiesta en la ciudad, ellos daban un verdadero *show* bailando. Eran unos bailarines de primera. Eran salseros y merengueros. Sus problemas los arreglaban de una manera más formal: se citaban en un lugar y ahí peleaban con sus chacos y sus armas blancas —refiere Bardales casi con añoranza.

Uno de los líderes más recordados por Bardales y por muchos habitantes de la ciudad fue el pandillero Barrabás. Como el personaje bíblico, este Barrabás era querido por el pueblo y, en los días de fiesta, aclamado por sus pasos de salsa y merengue. Pero perseguido por la policía, los Pilatos locales. Así eran los pandilleros de la época, una especie de bandidos sinvergüenzas que despreciaban la ley y que eran vistos en sus barrios como alegres malhechores.

Que una película de Hollywood esté involucrada en la formación de una pandilla no es un descubrimiento nuevo. La misma palabra *mara*, según la hipótesis más fuerte y la que me parece más sustentada, proviene de la película *The Naked Jungle* del año 1954. La película vino a América Latina bajo la caprichosa traducción *Cuando ruge la marabunta*. Era la historia de una colonia enorme de hormigas con una debilidad por destruir haciendas y poblados del Amazonas. La película logró que la palabra *mara* quedara instaurada para siempre en el argot del barrio bajo centroamericano para referirse a un grupo de personas. Cuando los migrantes y refugiados salvadoreños llegaron de forma masiva a California, fundaron su *grupo*, su pandilla, y como sinónimo de grupo usaron la palabra *mara*.

Otra referencia más cercana, ya en suelo hondureño, la encontramos con una película que es un clásico del «cine pandillero»: *Blood In, Blood Out*. Cuenta la vida de tres jóvenes miembros de la pandilla Vatos Locos, del este de Los Ángeles. La cinta presenta, aunque de forma un poco exagerada, el mundo de las pandillas chicanas de los años setenta en California.

La película *Blood In, Blood Out* se estrenó en 1993, y la mariposa del caos aleteó una vez más. En Honduras, fue un éxito entre los jóvenes de los barrios pobres. Un expandillero del Barrio 18 recuerda: «Puta, la película la pasaron en canal 6 a las siete de la noche. En cuanto terminó, salí a echarme un cigarrito a la esquina. No habían pasado ni 15 minutos y un chamaquito me dijo: "Qué pedo ese, Vatos Locos por siempre". ¡Ni 15 minutos de que terminara la película!». Marcó un antes y un después en los barrios hondureños. Se formaron decenas de grupos con el nombre Vatos Locos, directamente inspirados en la película. La mayoría fue desapareciendo, asesinados o engullidos por los miembros recién llegados de la Mara Salvatrucha 13, el Barrio 18 u otras bandas y pandillas ya existentes. Solo sobrevivieron en el barrio Rivera Hernández de San Pedro Sula, donde aún pelean a muerte desde hace años contra las demás pandillas. En 2022 entrevisté a Damian Chapa. El actor principal de la película y quien interpreta al líder pandillero Miklo. Le conté sobre los Vatos Locos de San Pedro Sula y sobre su violencia y los cientos de asesinatos relacionados a ellos, le pregunté si no se sentía de alguna forma culpable. Damián hizo una pausa, y respondió que no, tajante. Dijo que eso jamás fue su intención al interpretar a aquel pandillero del este de Los Ángeles. Dijo que no entendía por qué, si su personaje termina tan mal, encarcelado, amputado y con sus amigos asesinados, podría esta historia inspirar a chicos a seguir ese camino. Dijo no sentirse responsable por esas pandillas, dijo no entender, dijo sentirse triste.

Con este paréntesis, quiero dejar en claro que es posible, y sucede con cierta frecuencia, que las películas del primer mundo terminen nombrando pandillas en el tercero.

Volviendo a los Mao Mao, no hay certezas sobre su origen, los pandilleros decentes, disciplinados y amantes del merengue que gobernaron el centro de la ciudad durante décadas. Toda la evidencia que he podido conseguir apunta a que en 1970 viajó desde el norte, pero no en la mente de un hondureño, sino impreso en el triacetato de celulosa de una película de 35 milímetros.

Los Mao Mao se extinguieron, como los dinosaurios gigantes del periodo cretácico que sucumbieron ante cambios abruptos en su mundo. La vieja pandilla, que empezó con una película cristiana, no pudo adaptarse a la demanda de los nuevos tiempos. Fueron sustituidos por criaturas más versátiles.

Los Mao Mao sentaron un precedente y tienen la medalla de ser la primera gran pandilla sampedrana, pero nada más. Fueron perdiendo batalla tras batalla contra los emeeses, los dieciocheros, los Barrio Pobre 16, los Olanchanos y los Vatos Locos. Su forma de vivir se extinguió con ellos, su película pasó de moda.

Los Vatos Locos de la Rivera Hernández serán exterminados casi por completo por la MS13 para el año 2025, así como todas las demás pandillas que habitan el barrio, Solo el Barrio 18 aún pelea fuerte por no ser exterminada. Para ese año la MS13 habrá casi monopolizado el crimen callejero de San Pedro Sula y de Honduras.

DIARIO DE CAMPO

(Perder un informante. Junio de 2019)

El Gallo es un hombre grande, de maneras rudas, pero también tiene su parte intelectual y reflexiona sobre las pandillas, las causas que las originan y el rol de los gobiernos en la violencia endémica de la sociedad sampedrana. Es un lujo tenerlo como informante.

Lo llamé por la mañana y le hice algunas bromas, pero no me siguió la corriente. Me dijo que llegara por la tarde y me colgó.

Cuando llegué a su taller, me dejó pasar y cerró un enorme y pesado portón metálico a mis espaldas. Me dio la mano sin mirarme a los ojos y me ordenó que me sentara en una banca plástica. No había ni rastro del Gallo con el que bromeábamos fuerte y nos insultábamos en *colegueo*.

Me comentó que él y los Vatos Locos están molestos con los periodistas. Dice que ha leído artículos sobre pandilleros en el Rivera Hernández publicados en medios estadounidenses y que están cansados de buitres que llegan a verlos como animales. Menciona al periodista Azam Ahmed y a un reportaje publicado en *The New York Times* el mes pasado. Me llama buitre una vez más y vi puñales en sus ojos. Estaba furioso.

En ese momento, me di cuenta de lo grande que era y de lo bien cerrado que estaba el portón a mis espaldas. El Gallo ya no hablaba de la pandilla en tercera persona del plural, sino en primera: «nosotros».

—Los muchachos han hablado de que al siguiente que venga lo van a acostar [matar], que están cansados de que los periodistas nos metan en problemas y luego no se hagan cargo. Vienen una semana, graban, se van a la mierda, publican en sus países y uno queda hecho mierda acá, hasta con clavo [problemas] con la policía.

Le recordé que llevo varios años aquí y que no he metido a nadie en problemas. Le dije que no soy periodista, sino antropólogo, aunque sé que esto es solo una argucia argumentativa, un formalismo, una verdad que solo se sustenta en la tinta de mi título universitario. Siempre he pensado que soy ambas cosas, pero el Gallo fue inmune a tan estéril diferenciación.

Ni siquiera refutó mis palabras. Estaba muy molesto.

—Ahí afuera están los muchachos [pandilleros] y están bien emputados. Yo no sé lo que te vaya a pasar saliendo de acá. Eso es lo que los cipotes [pandilleros, en esta acepción] dicen. Que van a acostar al próximo que venga.

Me insistió que los pandilleros se encontraban afuera del portón y estaban molestos. Sé lo que eso significa en este barrio. Tragué grueso. Decidí dejar de lado mis argumentos y callar.

Después de un rato, abrió el portón y me pidió que me fuera y que no regresara más a esa parte del Rivera Hernández. Estoy contento de salir de ahí, pero también siento como si hubiera perdido una parte del barrio.

Es triste perder a un informante, sobre todo uno con quien se ha llegado a tener confianza. Le queda a uno la sensación de haber hecho algo mal. Salvando las enormes distancias que existen en mi oficio, es como perder a un amigo. Al llegar a casa, reviso mi libreta de campo. Lo último que tengo sobre el Gallo y su pandilla dice así:

Me reuní con el Gallo en el fondo de un solar, en el centro del barrio. Allí me presentó al Zorra y al Rana, quien venía saliendo de la cárcel. Juntos recordaron amargamente la muerte del Mosca, a manos de su enemigo el Ratón. Luego comimos arroz con pollo.

BARRIO RIVERA HERNÁNDEZ, 15 de marzo de 2016

9

LA ISLA

La historia más difundida relata que todo empezó con una tormenta y un par de barcos. Esta versión, ampliamente aceptada por historiadores y antropólogos, dice que en abril de 1735 se desató una fuerte tormenta. Semanas antes, dos barcos habían salido de las costas de África occidental, cargados de esclavos negros. Si la tormenta los hubiera alcanzado un día antes, lo más probable es que tanto los esclavistas como los esclavos hubiesen sido engullidos por el mar. Pero no fue así. El lugar a donde los llevó la tormenta no fue mejor que el fondo del mar. Al menos no para los esclavistas.

Los sobrevivientes llegaron nadando a las playas de la isla de Hairouna, donde fueron recibidos por un pueblo de guerreros conocidos como caliponan. Estos guerreros

eran expertos en esclavizar. Hace muchos años, sus ante-
pasados zarparon desde el delta del río Orinoco, en Sudamérica, y colonizaron casi todas las islas del Caribe hasta
llegar a Cuba. Arrasaron al pacífico pueblo arawak, que
era menos propenso al saqueo, las violaciones y la rapiña.
Sin embargo, los invasores caliponan eran en su mayoría
hombres, y era difícil fundar una nación de esa manera.
Por lo tanto, las mujeres arawak fueron esclavizadas por los
guerreros, y fue debido a este terrible suceso que la cultura
arawak pudo seguir viva. Para 1735, los caliponan mante-
nían el control de la isla de Hairoua como uno de sus últimos bastiones. El resto de las islas ya estaba en manos de
los europeos, quienes llamaron a todos estos grupos indígenas *caribes* en uno de sus tantos intentos de homogenizar
a las culturas autóctonas.

Existen teorías que sugieren que los africanos llegaron,
por lo menos, dos siglos antes en los barcos de un rico
mansa (rey) africano llamado Abubakari II, provenientes
de las costas de Mali. Aquellos que defienden esta idea se
basan en registros de los primeros invasores europeos, como
Cristóbal Colón, que mencionaban la presencia de personas negras en las islas del Caribe a su llegada, así como en
antiguos escritos encontrados en Medio Oriente y África.
Estos investigadores creen que los naufragios solo aumen-
taron la población africana que ya existía. Parece que la
discusión entre especialistas es acalorada y la explicación
sobre el origen de estas gentes varía dependiendo del continente en el que se busquen respuestas.

Sin embargo, no será acá en donde esta discusión quede zanjada. Los arqueólogos e historiadores deberán resolver sus problemas lejos de mi libro.

Como sea, el caso es que esa isla se llenó de gente negra y allí se produjo la hibridación de una de las culturas más ricas de la región. Era una mezcla de cultura arawak, caribe y africana. Con el paso de los años, este pueblo se defendió ferozmente contra los invasores franceses y lograron vencer. Era un pueblo obsesionado con una idea: la libertad. A esa amalgama tan rica de cultura y de saberes le llamaron *garinagú* o *caribes negros*. Hoy en día son conocidos como *garífunas*. A su isla, a ese pedazo de tierra frente al continente americano, los colonizadores europeos la llamaron isla de Saint Vincent.

10

ALFONSO LACAYO

En la Rivera Hernández, la comunidad Alfonso Lacayo es también una especie de isla. Es la comunidad de los garífunas. Llegaron a San Pedro Sula huyendo de la miseria, de la apropiación de tierras por parte del gigante bananero United Fruit Company, entre otras empresas, y en general, buscando ingresos, modernidad y trabajo.

Los que llegaron en los años cuarenta se toparon con un ambiente hostil. No hablaban español y nadie hablaba garífuna. Fueron empleados en casas particulares como una especie menor de mayordomos. Muchas familias ricas de San Pedro «tenían» a un mozo garífuna trabajando en sus amplios jardines. Se les pagaba poco, casi a discreción de los patrones, y eran fuertes y honrados.

Las bananeras y otras empresas comieron mucha tierra en la costa hondureña y los garífunas siguieron migrando. Se apiñaron en pequeñas casas en el barrio Cabañas, Suncery y El Dandy. Donde llegaba uno, le seguía su familia, y en medio de la pobreza prosperaron. En esta ciudad, unirse fue una estrategia natural. No todos venían de los mismos poblados y muchas veces no se conocían entre sí. Entonces echaban mano de una de sus armas más poderosas: el tambor. Al ritmo del tambor, mitad africano, mitad indio, se congregaron. Pareciera que ese ritmo repetitivo y marítimo los inunda en cuanto lo escuchan. Entonces, no importaba de qué pueblo costero vinieras, si de Cuzuna, Masca o Plaplaya, si tus tierras se las comió la bananera o si llegaste buscando modernidad. Los garífunas se entienden entre sí alrededor de un tambor mientras bailan la «punta», su baile.

La comunidad Alfonso Lacayo es, en esencia, garífuna, nombrada así por el primer doctor garífuna de Honduras. Está habitada por esos migrantes costeños que después de los siglos pasaron de fieros guerreros a pacifistas alegres y escandalosos. Más dados a los bailes y al tambor que a la guerra.

A las orillas de la Alfonso Lacayo, las colonias son terreno de pandillas y bandas. Por un lado, los Olanchanos de Llanos de Sula, por el otro la Mara Salvatrucha y, por otro, la pandilla Barrio 18. La comunidad ha sido escenario de peleas, balaceras e invasiones, pero ninguna protagonizadas por gente negra. Nunca han tenido pandilla, ni banda, ni bandidos.

Es junio de 2019 y en una esquina un grupo de chicos habla y ríe a carcajadas. Bromean sobre un puro de hierba que se fuman. Dicen que está tan fuerte que fue esta misma la que le botó las *dreadlocks* a Bob Marley. Es verdad, digo, eso de que la hierba es fuerte. Todos los muchachos son garífunas. Les pregunto por las bandas y los bandidos, y se burlan de ellos y estallan en carcajadas. Siempre esas escandalosas y sonoras carcajadas.

Los muchachos me dicen que los únicos garífunas que se meten a pandillas son aquellos que no tienen familia, los que no tienen a nadie que se preocupe por ellos. Pero sobre todo, aquellos que no tienen madre. La figura materna es una fuerte herencia de aquellas mujeres arawak que durante tanto tiempo, y ante tanta adversidad, supieron mantener a salvo su cultura y su lengua.

Son dos mujeres negras quienes se reúnen conmigo para explicarme su comunidad. Ambas nacieron en pueblos garífunas donde escucharon el español por primera vez de boca de la profesora de la escuela a los 7 años. Migraron con sus familias años después, siendo adolescentes, hacia San Pedro Sula. Huyendo de la falta de tierras y buscando un sentido de modernidad y prosperidad. Una de ellas es grande, risueña y de gestos amplios. La otra no, mide apenas un poco más de un metro. Su cabello es rizado y se mueve con lentitud. Me explican que con el establecimiento de la comunidad Alfonso Lacayo se generaron lazos entre los garífunas de toda la ciudad. Se dieron cuenta de que tenían ritos parecidos y que todos, de alguna forma, extrañaban la costa. Así que la trajeron para acá. En la comunidad Alfonso Lacayo, todas las noches son sábado, y las únicas denuncias que recibe la policía son por «bullicio y desórdenes públicos».

Los niños y hombres jóvenes, la franja etaria que nutre y engorda todas las bandas de por acá, en la Alfonso Lacayo se dedican a cosas menos mortíferas, como el estudio, el trabajo, el futbol, el baile y la marihuana. La comunidad entera huele a marihuana. La policía lo sabe y lo tolera. Arrestar a alguien en Rivera Hernández por fumar hierba sería como poner multas por exceso de velocidad en un evento de Fórmula 1.

Los mitos y estigmas con que las demás comunidades del sector han rodeado a la Alfonso Lacayo constituyen, quizá, de los pocos ejemplos en la historia en donde a los negros el racismo les juega a favor. Las pandillas no quieren reclutar a los garífunas.

—Se ha intentado, algunos de ellos ya han sido de la banda, pero a ellos no se les puede poner ley. Cuando menos siente uno, ya están haciendo baile, tomando y fumando monte —dice uno de los fundadores de una de las bandas de los Olanchanos—. La verdad es que los garífunas no se toman muy en serio a las pandillas. Aquello no funciona. Los negros no sirven para estar en pandillas —sentencia el viejo bandido.

Sobre ellos flotan mitos, leyendas de barrio que también los protegen. Cuentan los viejos del barrio que un pandillero, uno genérico, mató a un garífuna, un hijo de la hermana de una vecina, y que la familia del muerto dominaba la brujería. Así que, según la historia, el asesino fue cayendo en la enfermedad poco a poco por obra de un hechizo y fue adelgazando y palideciendo hasta morir. Callan los garífunas si un mestizo les pregunta, y los mestizos no preguntan mucho sobre eso. Les temen. Si entendemos a las pandillas como grupos que reclaman y protegen un territorio de invasiones vecinas, entonces la brujería, los mitos y las leyendas son las pandillas que protegen el barrio Alfonso Lacayo.

—¿Señoras, hay brujas en la comunidad? —les pregunto a las dos mujeres.

Se ponen serias. Se tiran una mirada cómplice, como si fuera en ese momento a pasar algo terrible e importante; luego, no pueden más y estallan en carcajadas. Es maravilloso verlas reír. Abren la boca todo lo que pueden, dejando ver dos hileras de dientes blancos, robustos y perfectos. Los ojos les lloran y dan palmadas en sus muslos gruesos. La risa la combinan con «yuujuuuu» y mueven la cabeza a los lados, mientras las lágrimas salen de sus ojos marrones. Se calman unos segundos, se vuelven a ver entre sí, y nuevamente inundan el salón a carcajadas. Las garífunas, estas al menos, se ríen con todo el cuerpo.

—Es puro racismo, Juan. Es porque somos negras —dicen cuando logran, por fin, gobernarse. Los mestizos nunca entendieron los ritos de los garífunas. Son un conjunto de prácticas y creencias que arrastraron desde aquellos años junto a las mujeres arawak, y desde África, esa tierra caliente de donde un día los blancos los secuestraron.

Cuando un garífuna muere, sus familiares se emborrachan y tocan el tambor y bailan y ríen. Brujería de negros, dicen los mestizos. Esos ritos no tienen nada que ver con los llantos y los desmayos y los himnos de dolor y angustia con que los evangélicos despiden a los suyos. Quizá los velorios son más frecuentes en los lugares de los mestizos. Quizá tienen que ver con que sus muertos son diferentes. A los garífunas se los lleva la vejez o la enfermedad, los muertos de los mestizos son jóvenes y su partida implica una tragedia familiar. En la Alfonso Lacayo la muerte aún conserva esa ley natural, tan olvidada en Honduras y en todo el norte centroamericano, de que sean los hijos quienes entierren a sus padres.

Los muertos garífunas son también más inquietos. Se aparecen en sueños a sus familiares y piden pan de cazabe o cerveza o un baño. A veces los garífunas sueñan que sus muertos están sucios, en medio de un cañal. Eso significa que ese muerto pide un rito. Hay que bañarlo, simbólicamente, claro. A veces se presentan para decirles cosas importantes a su progenie. Pueden decir, por ejemplo, un número de la lotería, o advertir de una persona con malas intenciones. A veces, los garífunas sueñan con gente que no conocieron y van y le describen todo a una de las abuelas y ella le dirá «es tu tía, o tu abuelo que no conociste», y eso, para ellos, es una forma de seguir en contacto con su pasado.

En la Alfonso Lacayo los muertos están más presentes en los sueños que en las calles. Solo eso ya es motivo de baile, tambor y cerveza. La violencia casi nunca toca a Alfonso Lacayo. Una de las estrategias de la comunidad es no hablar con extraños. Es fácil reconocerlos. No son negros. Mientras más oscura la piel, más confiable la persona.

Lo que ven se lo callan. Las dos líderes me explican que además de los mitos sobre la brujería, es la lógica de ver, oír y callar lo que los mantiene dentro de su isla.

Sin embargo, la violencia es como el agua en una piragua. En algún momento, aunque sea un poquito, va a entrar.

11

ESAÚ, EL MUERTO

En 2016, en la colonia Alfonso Lacayo del sector Rivera Hernández, vivía un garífuna de 18 años que hacía «mandados». Se llamaba Esaú, y esa es la mejor descripción de la actividad que él realizaba. Un mandado es una actividad difusa, pero casi siempre tiene que ver con hacer algo a petición de alguien. Esaú tenía cierta discapacidad mental que le hacía comportarse como un niño. No tenía trabajo y le resultaba difícil hablar con soltura o estudiar. Así que pasaba el día comprando cosas para terceros. Si alguna señora lo mandaba a traer una cebolla o un cartón de huevos, Esaú iba y, a cambio, conseguía unos lempiras para una Coca-Cola. Si alguien le pedía que sacara y quemara un montoncillo de basura, Esaú iba, lo quemaba y con eso recibía más lempiras para más Coca-Cola.

Así era la vida de Esaú, haciendo mandados en medio del calor abominable y el polvo amarillento que flota por todos lados en su intento monocromático de uniformar el barrio. Por eso, Esaú no vio nada de malo cuando los dieciocheros le pidieron que fuera por cigarros. Esaú fue y, a cambio, recibió suficientes lempiras para más de una Coca-Cola. Cuando le pidieron que fuera por cervezas, Esaú también fue y aprendió a medir la riqueza en Coca-Colas. Los dieciocheros le pedían que llevara una mochila o que trajera un paquete, y Esaú lo hacía. Le esperaba una buena cantidad de Coca-Cola por estos mandados que ya no tenían que ver con la tienda de la colonia.

Los dieciocheros entendieron que era más seguro mover cosas con Esaú, de quien nadie sospecharía, que hacerlo con algún aspirante mestizo. En una ocasión, los emeeses le pidieron que subiera a un carro. Esaú subió, quizá con la esperanza de encontrar Coca-Cola en su destino. Los emeeses no tenían Coca-Cola para Esaú al final del viaje.

A Esaú lo dividieron en cuatro partes. Le quitaron los brazos y las piernas, dejando solo el tronco. Lo golpearon mucho y su cara estaba hinchada. Lo apuñalaron y quemaron con un cigarro. Luego, lo metieron en una bolsa negra, de basura, y lo tiraron en un predio solitario.

Uno de los investigadores que llevó el caso dice que trató de hablar con la familia y que ellos lo echaron a gritos. «Esa gente optó por la lógica de ver, oír y callar, Juan. No quisieron hablar conmigo nada. Ni ellos ni nadie en la comunidad», me dijo el investigador.

En el funeral de Esaú hubo tambor, trago y Coca-Cola. Sus tías, su madre o sus hermanos quizá lo vean en sueños y Esaú les hable sobre qué número de lotería jugar, o les alerte sobre el peligro de hablar con extraños, o quizá pida baños o comida. Pero si Esaú, el muerto, es consecuente con Esaú, el vivo, en medio de los sueños, en la oscuridad de la noche, pedirá Coca-Cola.

12

TIERRA FIRME

Los garífunas resistieron todo lo que pudieron en la isla de Saint Vincent hasta que en el siglo XIX cayeron ante el poderío del Imperio británico. Para el imperio, la mera existencia de estos caribes negros era una afrenta y un riesgo. Sobre ellos pesaban los dos prejuicios más fuertes de la era colonial: eran indios y eran negros. Además, representaban el máximo temor para los colonizadores: eran libres. Así que una vez vencidos, los ingleses los deportaron en masa de la isla de Saint Vincent. Los sacaron de esa parte del Caribe que se ganaron a fuerza de sangre y tormentas y los dejaron botados en una isla frente a la costa atlántica de Centroamérica.

De los que sobrevivieron al viaje, muchos murieron en esa isla. Ahí no podían sembrar suficiente cazabe, yuca o plátano, cuyos vástagos las mujeres llevaron escondidos en el medio de sus faldas como tesoros de contrabando. En esa isla, tarde o temprano, morirían. Supongo que esa fue siempre la idea. Sin embargo, los españoles peleaban territorio en contra de los ingleses y vieron en los garífunas una fuerza potencial. Y lo eran. Al día siguiente de recibir permiso para entrar en tierra firme, tomaron «machetes, fusiles y ballestas» contra los ingleses. La Corona española, en vista de este «servicio», les permitió quedarse y vivir en las costas, las cuales llenaron rápidamente con sus cultivos, sus bailes y sus tambores.

Esa isla donde los ingleses abandonaron a la nación garífuna para que muriera de hambre es ahora uno de los destinos turísticos hondureños más visitados por europeos y estadounidenses. Se llama Roatán. Los hoteles y *resorts* de grandes cadenas que se extienden por toda la costa se convirtieron, junto con las bananeras estadounidenses, en el nuevo azote del pueblo libre garífuna. Huyendo de esos males, algunos de ellos llegaron a San Pedro Sula y a su comunidad, que, siguiendo la lógica del sector Rivera Hernández de honrar a los lugares con los nombres de los muertos, le pusieron el nombre que más orgullo les evoca: el del primer garífuna que, a pesar de la adversidad, los prejuicios y más de quinientos años de desigualdades históricas, estudió y se volvió médico. Doctor Alfonso Lacayo, donde hoy viven, muy pobres, en su isla de paz.

13

LA PARÁBOLA DE LOS LOCOS
DE VESUBIO

Los Locos han perdido irremediablemente la guerra contra la MS13. Entre julio de 2018 y octubre de 2020, asesinaron a tres de ellos, hirieron de bala a Carito, desaparecieron a Rey e hicieron huir a Mexicano. El hijo mayor de Cándida huyó hacia Estados Unidos para salvar su vida. Ahora vive indocumentado en una ciudad de Texas. Otros muchachos del barrio lo han seguido, algunos como parte de las caravanas de migrantes que salieron a finales de 2018 desde San Pedro Sula, otros usando las rutas tradicionales que nunca dejaron de funcionar, incluso durante la pandemia de 2020.

Los acuerdos que la MS13 y el Gobierno hondureño hacen a gran escala se viven en carne y hueso en el barrio. Aquí, los convenios dejan de ser papel y se convierten en plomo, y los compromisos se traducen en patrullas, chalecos antibalas y capturas selectivas.

Me han hablado sobre estos acuerdos exdirectores de la policía, exdirectores de la inteligencia del Estado, agentes del FBI destacados en Centroamérica, funcionarios activos del gobierno de Juan Orlando y líderes de la Mara Salvatrucha 13. Sin embargo, la mayor certeza de estos acuerdos la encontré en el barrio.

En el tiempo que he estado documentando la ciudad, y Honduras en general, ha sido imposible no advertir las preferencias de la policía hacia la MS13. Incluso he visto a miembros de la MS13 viajando en las patrullas, tanto de la Policía Preventiva como de la Policía Militar, el grupo creado por Juan Orlando Hernández como pilar bélico de su gobierno. En una ocasión en 2018, los emeeses dispararon contra los muchachos de Vesubio desde la cama de una camioneta de esta última policía. Vestían chalecos antibalas, shorts y Nike Cortez, los tenis pandilleros por excelencia.

En ese mismo año, me entrevisté con el jefe policial del barrio Rivera Hernández. Los Locos de Vesubio me lo pidieron. La idea era ayudarles a gestionar un puesto policial en esa parte del barrio. La propuesta me pareció razonable, así que fui y trasladé la petición. El jefe me dejó hablar poco, me enseñó unas gráficas donde mostraba la disminución de homicidios en ese sector desde 2012 hasta la fecha. Luego, me dijo que las pandillas de la zona habían optado por reducir la violencia, pero que esos muchachos de Vesubio le estaban arruinando la estrategia y estropeando los informes.

En cierta forma, tiene razón. La apuesta de las autoridades es que MS13 domine todo el barrio. Es más fácil hacer acuerdos con una pandilla que con ocho. El problema es que esas ocho pandillas no lo ven de la misma manera.

Después de mi reunión con el jefe policial, se incrementaron los patrullajes en el barrio para perseguir a los Locos. Estos se escondían de la policía de día y peleaban con la MS13 en la noche. Ganar la guerra, lo que sea que esto significara, estaba cada vez más lejos. Así que hablé con ellos, les conté de mi reunión y de lo difícil que sería llegar a un acuerdo con la policía. Les propuse rendirse ante la MS13 y hacer arreglos por sus vidas. Quizá con el apoyo de un pastor evangélico en el que las pandillas confiaran podríamos lograr un buen trato; quizá, solo quizá, podría lograr que los dejaran seguir viviendo en sus casas.

Los Locos pensaron seriamente en la propuesta, se reunieron, ataron cabos y llegaron a la siguiente conclusión: Juan es de El Salvador, la MS13 también, por eso quiere que entre la MS13. Por culpa de Juan, la policía viene más seguido. Hay que matar a Juan.

Me lo dijo Cándida mientras me suplicaba que no llegara más al barrio, que sus hijos postizos me matarían. Esto implicaría para mí perder otro trozo del barrio, y sería, de alguna forma, aceptar que soy o un hablador o un *sapo*, y en este lugar no les va bien ni a los habladores ni a los *sapos*.

Estuve ausente unos meses, pero a mediados de 2019 fui a hablar con ellos, a pesar del llanto y las súplicas de Cándida. No se lo esperaban. Llevé soda y comida china al patio de Cándida, donde estaban los que quedaban. Los encontré cansados, tenían tics nerviosos y parecían haber envejecido muchos años en apenas unos meses. Como dije hace varias cuartillas, el tiempo pasa de forma especial en el Rivera Hernández.

Hizo falta mucha soda, muchos cigarros, bravuconería y tiempo, muchas horas, para convencerlos de que no soy un aliado de la MS13 y que no soy un soplón. Hubo que recordarles muchas veces que mi reunión con el jefe policial fue a pedido de ellos y que la policía hondureña me resulta tan repelente como a ellos. Al final, hubo paz. Entonces salieron las cervezas, la marihuana y la cocaína de mala calidad. Pero ya no había euforia ni música. Solo tics nerviosos y miradas al suelo. Paranoia.

Tanto Cándida como los Locos de Vesubio creen que su desgracia se precipitó por un reportaje sobre ellos publicado en mayo por *The New York Times*, el mismo al que se refirió El Gallo, de los Vatos Locos, cuando me amenazó. En este, el periodista Azam Ahmed y el fotorreportero Tyler Hick cuentan la historia del grupo y sus intentos por mantener alejada a la MS13 del barrio Vesubio. Cándida y los Locos estuvieron de acuerdo en conversar con Azam y en dejarse fotografiar por Tyler. Sin embargo, una vez publicado el material, me llamaron aterrorizados. Me dijeron que se habían publicado sus rostros, los rostros de las hijas de uno de los Locos, las placas de su moto y la fachada de su casa. Decían que *The New York Times* los había presentado como una pandilla más del Rivera Hernández y que habían publicado más imágenes de las acordadas.

—Azam le puso precio a mi cabeza —me dijo, entre gritos y llanto, Cándida, en junio de 2019. Creo que el pánico los hizo exagerar. La MS13 ya estaba en guerra abierta contra ellos antes de la irresponsable publicación de *The New York Times*. Lo que sí es cierto es que la publicación acentuó la vergüenza para la MS13. ¿Cómo era posible que un grupo tan pequeño hiciera frente por tanto tiempo a la pandilla más grande de Honduras?

La ofensiva de la MS13 arreció desde entonces y los Locos fueron muriendo, desapareciendo y siendo capturados con más velocidad que antes de la publicación.

Escribí al correo institucional del periodista Azam Ahmed para decirle que estaba escribiendo algo al respecto, que quería hablar con él para consignar su versión, para trasladarle lo que la gente de Vesubio me decía en sus mensajes y para buscar una solución al problema. La respuesta fue:

«HAHAHAHAH».

Luego, cuando el asunto se volvió más serio y tuvimos una llamada, me dijo que ese mensaje se había enviado solo, desde su iPhone.

The New York Times accedió a bajar ciertas fotografías donde se veían los rostros de las personas del grupo de los Locos. Pero el daño ya estaba hecho. La publicación se esparció como un virus por los teléfonos de los pandilleros y los bandidos del Rivera Hernández.

Entre junio y agosto de 2019, la policía terminó de desplumar al desarrapado grupo de muchachos pobres que le hicieron frente a la MS13. Arrestaron a Buitre, Xavi,

Baleada y Nico, el exdieciochero que destripó la cabeza de la perra.

En septiembre de 2020, asesinaron al más pequeño del grupo: Chalelo. Para esa fecha, los que quedaban libres y vivos se habían camuflado. Buscaron trabajos normales, trataron de pasar desapercibidos, quisieron mimetizarse en el barrio, pero eso, al igual que su lucha quimérica contra la MS13, era más una esperanza que una posibilidad.

Chalelo había encontrado trabajo y había conseguido una moto que aún pagaba a cuotas y que usaba más como juguete que como transporte. Ese día de septiembre pasó junto a Cándida a las cuatro de la tarde, se saludaron, ella le hizo alguna broma sobre la moto, él se rio e hizo una pirueta. A los dos minutos sonaron los balazos.

—Juan, viera cómo lo dejaron, si le destartalaron la cabeza a balazos —dice Cándida, llorando, en diciembre de 2020, mientras comemos una hamburguesa en el centro de San Pedro; mientras afuera, el huracán Iota hace con la ciudad lo que las balas con la cabeza de Chalelo.

Luego mataron a Franklin. No era del grupo, pero «pasaba» con ellos. Estaba con Cándida una tarde en el patio de su casa, casi a la misma hora que mataron a Chalelo pero varias semanas después. Cándida entró a la casa, una moto paró afuera, unos pasos, unos insultos, una cantidad indescifrable de balazos, la moto marchándose.

—A Franklin yo lo recogí, pensé que estaba vivo porque todavía movía los ojitos. Ni sé cuántos balazos le dieron, lo hicieron paconeado —dice Cándida y amarra el llanto por Chalelo con el de Franklin en un solo llorar. A este lo llora diferente.

—Juan, a mí me duele porque Franklin no andaba en malos pasos. Ellos lo confundieron con Carito, a él querían matar.

Cuando la MS13 entró, por fin, al barrio, ya no encontró resistencia. Muchas de las personas que apoyaron a los Locos de Vesubio ahora han hecho amistad con los emeeses, los dejaron entrar en sus casas, los alimentaron, curaron sus heridas. Con el tiempo parirán a sus hijos, adoptarán a sus enemigos como propios y el «ellos» se convertirá en «nosotros». Vesubio es ahora un territorio de la Mara Salvatrucha 13.

Cándida está sola, y todos la tratan como a una vieja demente. Tuvo que abandonar el barrio ante la inminencia de las balas, ahora vive en la rivera de un río apestoso y contaminado junto a su madre demente y sus dos hijos.

Mientras escribía este libro, desde principios de 2019 hasta febrero de 2021, recibí muchas llamadas y mensajes con las fotos de los cadáveres de los muchachos del barrio que quedaron, notas de voz de sus madres llorando, llamadas en medio de la noche donde Cándida me suplicaba que notificara a la policía o a los «derechos humanos» porque hombres encapuchados andaban por el barrio, buscándola. Una de las llamadas más extrañas fue de Xavi. Me llamaba desde la cárcel el 2 de noviembre de 2020, día en que homenajeamos a nuestros muertos en Mesoamérica. No dijo mucho. Creo que no tenía a quién más telefonear. Su madre ahora forma parte de la Mara Salvatrucha 13.

Los muertos seguirán su camino, cualquiera que este sea; los desaparecidos serán buscados por sus parientes con esperanza, que a veces duele más que la certeza de la muerte. Vesubio ahora tendrá nuevas reglas, nuevos héroes y nueva historia. En esta nueva narrativa, la MS13 entró a salvar a Vesubio de un grupo de crueles malhechores que los tenían bajo tiranía. Así termina este capítulo en la historia pandillera de una de tantas colonias del barrio Rivera Hernández. Aun en estos lugares mínimos, la historia la escriben los ganadores. En cuanto a los detenidos por la policía: entrarán a un nuevo mundo, desconocido para los cuatro. Un mundo con nuevas reglas y nuevos depredadores. El imperio del caos.

II

EL IMPERIO
DEL CAOS

1

LAS BESTIAS

La llegada de las dos pandillas más grandes y peligrosas de la región a San Pedro Sula no fue un evento trágico, como los terremotos o las tormentas, aunque a la larga tuviesen el mismo efecto devastador. Fue más bien como un virus, uno de lento esparcimiento, uno imperceptible al principio, pero que desató una epidemia.

Para conocer esta historia, debo hablar con los hombres que la protagonizaron. Muchos ya murieron o, como es el caso de B, se alejaron de esta vida y se camuflan ahora con la gente normal, como veteranos de guerra. Pero quedan otros. Algunos de ellos ya no están en San Pedro Sula. Viven en el municipio de Ilama, en Santa Bárbara, a 89 km, en la cárcel de máxima seguridad. Lo llaman El Pozo.

Esta cárcel se inauguró en abril de 2016. Solo tenía cuatro años cuando entré en ella en julio de 2019. Este recinto fue financiado, en buena medida, con dinero de Estados Unidos y consiste en un complejo enorme de edificios, donde se alberga a más de 4 000 reos, pertenecientes a por lo menos ocho estructuras criminales sampedranas, así como a mínimo otros diez grupos criminales originarios de toda Honduras.

En esta cárcel se pretendía, o eso dijo el presidente Juan Orlando Hernández cuando la inauguró, cortar la comunicación de los líderes de estas estructuras con sus bases, a través de modernos sistemas de bloqueo de señales y de un régimen de encierro total que incluía uniformes naranjas y visitas monitoreadas.

Esta prisión admitió a los reos de otra, de una que fue demolida hasta sus cimientos en 2017. Dicha cárcel no se diferenciaba mucho de los barrios de donde provenían sus habitantes. No exagero. Ahí las visitas se daban todos los días y a cualquier hora; si venían de lejos, podían quedarse en la celda, o la casa, de sus familiares. Claro, siempre y cuando se pagara la cuota necesaria a la administración. Esa cárcel era un punto comercial importante. Ahí los reos vendían y compraban artículos de valor, se hacían tratos comerciales y, si era necesario, salían. Para los reos más poderosos, el encierro y la incomunicación era una mera sugerencia. Así se vivía en ese penal de San Pedro Sula.

En al menos dos ocasiones, los reos repelieron con armas largas el intento de la policía por entrar a hacer un cateo, y en varias decenas de conflictos, los presos dirimieron sus diferencias detonando granadas industriales.

De este lugar de características kafkianas hablaré más adelante. Por ahora, sigamos en El Pozo.

En El Pozo, después de un registro más o menos riguroso, entro a uno de los pabellones. Me acompaña el subdirector del sistema penitenciario Germán McNeil. Le digo que mi interés es hablar con los líderes de la Mara Salvatrucha 13 y del Barrio 18. McNeil manda a unos custodios a *llamarlos*; ojo con el verbo, no a *traerlos*, a *llamarlos*. Primero llegan los líderes del Barrio 18. La propaganda estatal que se ha hecho sobre este presidio quedó reducida justamente a eso, propaganda. Tacoma, el líder nacional de esa pandilla en Honduras, sale del pabellón que «controla» su pandilla, esa fue la palabra que usó el subdirector McNeil, rodeado de un séquito de pandilleros malencarados.

El antropólogo inglés Paul Sheinner decía que es posible interpretar «escenas» de la vida cotidiana como *performance*, como obras teatrales que nos hablan del entramado de la vida social. Pequeños momentos que expresan dinámicas profundas e importantes.

Pocas veces una idea teórica ha tenido tanto sentido para mí en el trabajo de campo. En la forma en que esos pandilleros se desplazan hasta nosotros, se advierte muy claro quién es el líder y quiénes son sus subalternos. Sus pasos y sus formas hablan de poder en unos y sumisión en otros. No hace falta presentación alguna para saber quién es Tacoma, el líder de la pandilla que es considerada, por el Estado, por la población y por sus mismos enemigos, como la más violenta de Honduras. Es el *performance* quien nos habla en su idioma de símbolos y significados.

—¿Qué quieren?, ¿qué pasó? —pregunta Tacoma, con un gesto desdeñoso.

Soy definitivamente una visita extraña e inesperada. Desde los *tours* organizados por el Gobierno en los eventos de inauguración del penal, no ha pasado ningún otro investigador o periodista por acá.

Le explico lo que ya expliqué cien veces en los últimos cinco años a otros pandilleros: que hago un libro, que quiero conversar sobre su vida y sobre su pandilla, que quiero entender.

Tacoma saluda al subdirector con el mismo respeto con el que hablaría a un pandillero novato. Le da la mano sin mirarlo a los ojos y luego le indica dónde ocurrirá nuestro encuentro.

Le dice que lo haremos en una celda vacía que está en el pabellón de «los pesetas», así le llaman en este penal a un conjunto de hombres que han desertado de su pandilla, que son enemigos de las pandillas grandes, que son informantes de la policía o que simplemente se han quedado sin pandilla porque ha sido exterminada, y se han quedado en un limbo criminal muy poco deseable.

Las celdas no son de barrotes y rejas como en el extinto presidio sampedrano. Se trata de rombos de cemento de unos dos metros cada lado, cerrados con cristal antibalas y una puerta metálica.

Mientras los custodios acomodan la celda vacía para mi plática con Tacoma, doy una vuelta por el recinto. Hablo con los reos a través de los orificios por donde les pasan la comida. En la primera celda se amontonan diez hombres jóvenes. Quieren hablar conmigo, se empujan para monopolizar la rendija, me piden auxilio. Quieren que los ayude, no me explican muy bien a qué, pero quieren que los ayude. De la rendija sale un vaho fétido y caliente, como si se abriera la puerta de un horno donde se cocina algo podrido.

Son miembros de una banda de otra ciudad, la capital, Tegucigalpa. Su pandilla se llama, o se llamaba, Chirizos. Una banda con características de pandilla que se dedica, entre otras cosas, a extorsionar la ciudad-mercado de Comayagüela. Esa banda está muy débil y por años ha sido una violenta molestia para la Mara Salvatrucha 13, la pandilla más numerosa de este penal, de Honduras y de Centroamérica. Por eso viven encerrados en ese rombo con cristales antibalas, en donde se hornean y del que no salen casi nunca.

La sala está lista y Tacoma entra al pabellón. El miedo se esparce, se nota. Es pesado. Los hombres se callan adentro de sus rombos, dejan de pedirme auxilio y miran a Tacoma con miedo en los ojos. El maestro Schechner estaría fascinado.

—Vaya, acá vamos a platicar. Solo yo voy a entrar —dijo Tacoma. Los custodios se quedaron afuera del pabellón y sus pandilleros también. Está rodeado de enemigos, al menos cien hombres habitan esos rombos infernales, pero, contra toda lógica, los que tienen miedo son ellos.

Tacoma es gordo, casi obeso. Está rapado al ras y viste una camisa de futbol americano con el número 18. En la cara lleva tatuada la *L* y la *A*, tan comunes en los pandilleros de origen angelino. Pero Tacoma nunca estuvo en Estados Unidos.

Él es de Ciudad Planeta, un barrio colindante con Rivera Hernández. Tan cerca que, cuando los policías hablan del sector Rivera Hernández, echan en cuenta, muchas veces, Ciudad Planeta. En los lugares de los pobres las fronteras no son tan claras ni tan importantes.

Después de varias horas de estar encerrados en ese octágono sauna, hablando sobre su vida y su pandilla, Tacoma se retira. Es él quien da por cerrada la entrevista y vuelve a repetir el *performance* de poder que hizo al entrar. Otra vez el miedo gobierna en el pabellón de los pesetas. Más de cien hombres rudos guardan silencio y bajan la cabeza cuando sale el jefe de las huestes dieciocheras. Sus hombres lo esperan a la entrada del pabellón junto con el subdirector McNeil y los guardaespaldas de este. Tacoma vuelve a su pabellón sin mirar hacia atrás.

Hablé luego con uno de los hombres más poderosos de Honduras. No es una exageración ni un ardid narrativo para enaltecer al personaje o volver el encuentro más memorable. Alexander Mendoza es el jefe de la organización criminal más numerosa, mejor armada y con presencia en todos los departamentos de Honduras. Mendoza es el líder nacional de la Mara Salvatrucha 13. Una estructura criminal y social tan versátil que mientras pelea a muerte contra unos chiquillos de la colonia Vesubio del barrio Rivera Hernández, organiza acuerdos y negocios con traficantes de droga y altos funcionarios del Gobierno hondureño. Sus enemigos son niños miserables con armas herrumbrosas por un lado, y agentes del FBI y la DEA, por el otro. Si fueran animales, serían los depredadores de las bacterias y de los elefantes.

Si la apuesta de Tacoma en su *performance* fue hacer un derroche de poder, la de Porky es más sutil. Mucho más sutil. Desde el otro lado del inmenso patio que separa los pabellones, bajo un sol muy cruel, aparece un hombre menudo. Es pequeño, con ojos ligeramente achinados y piel morena. Lleva a San Pedro en la voz. Tiene ese acento inconfundible, metiendo jotas donde van eses y expresando con sonidos lo que podrían decir las palabras.

Porky no va ataviado con la suntuosidad pandillera de Tacoma. Lleva puesto un short, una camisa blanca sin mangas y unas sandalias. Ni siquiera a Porky le alcanza el poder o la confianza para salir solo de su pabellón. Sale acompañado de cuatro pandilleros. Ellos sí van vestidos con la mejor gala pandillera: Nike Cortez, cadenas y pulseras de oro, camisas con estampados de la MS y bultos bajo sus camisas. Luego me enteré de que esos bultos eran en realidad armas de fuego.

Porky es muy educado. Saluda amablemente al subdirector, a mí, y sin mucho preámbulo pasamos a la misma sala donde entrevisté a Tacoma. Se sienta en la misma silla aún sudada por el cuerpo de su enemigo. Ese contacto, piel con sudor, será, probablemente, lo más cerca que esos dos hombres podrán estar. Se mueve con calma y en sus

frases se hamacan las palabras, tranquilas y campecha-
nas. Sampedranas.

Si estos líderes pandilleros fueran gobernantes de
países, Tacoma sería Donald Trump, y Porky, Ho Chi
Minh.

2

TACOMA

Tacoma creció en un lugar que, al igual que el Rivera Hernández, tuvo su propia historia de pandilla: Ciudad Planeta. Ahí controlaban, en los años noventa, los Wonderín 13, los Poison, una banda familiar conocida como los Cedillo y algunas células de la Mao Mao, los pandilleros elegantes de los que me hablaba el sociólogo Bardales. Todos fueron desplazados, absorbidos o aniquilados por el Barrio 18.

En los primeros meses de 1995, llegó deportado Mister Bullet, un dieciochero de la clica de los Hollywood Gánster, una clica fundada por mexicanos en la ciudad de Los Ángeles, en algún punto del Boulevard Hollywood, pero que luego empezó a incorporar entre sus filas a pandilleros caribeños y centroamericanos.

Mister Bullet reunió a otros dieciocheros deportados, hombres y mujeres que andaban perdidos en San Pedro Sula. Venían de diferentes partes de Los Ángeles y eran de distintas clicas o células del Barrio 18. Mister Bullet fue un líder, pero sobre todo fue un faro que atrajo a los perdidos y consiguió colarse en la mente y las esperanzas de decenas de niños y muchachos del barrio bajo sampedrano.

Uno de ellos fue Tacoma. Era un adolescente en 1995. Quedó fascinado por la forma de bailar de los deportados y porque hablaban con soltura el mismo idioma que los amos de las bananeras. Esos deportados vestían con ropas que apenas había visto en películas como *Blood In, Blood Out*, y, en general, encarnaban la modernidad. Eran símbolos de poder que caminaban.

En su casa faltaba comida, su padre le pegaba mucho y su madre lo abandonó cuando era un bebé. Casi podría decirse que Tacoma estaba destinado a ser un pandillero. Era una fórmula perfecta en un lugar lleno de fórmulas perfectas.

Tacoma nunca estuvo en Los Ángeles. No sabe dónde está California en el mapa de Estados Unidos, ni sabe diferenciar una ciudad de un estado. Sin embargo, lleva la *L* y la *A* tatuadas en la cara. En realidad, no es un tatuaje deshonesto. Aunque nunca ha estado en ella, toda su vida ha estado marcada por esa ciudad.

El proceso de instauración del Barrio 18 fue muy rápido. Para 1995, ya se habían juntado en el barrio Barandillas, en el centro de San Pedro Sula, y en Ciudad Planeta, la mayoría de dieciocheros deportados de California. Además, ya habían engrosado sus filas con los retazos humanos que vagaban en medio de la miseria de los barrios polvorientos, en busca de algo que hacer con su vida. En busca de un poco de respeto.

De la generación de Tacoma no quedan muchos. Los años fundacionales de la pandilla en San Pedro Sula fueron difíciles. Las pandillas clásicas se resistieron a morir y llevaron a muchos dieciocheros al cementerio, pero era una lucha perdida desde el inicio. La llegada de las pandillas de origen californiano fue como meter un zorro en un gallinero: tarde o temprano, picotazos más picotazos menos, el zorro se comerá a las gallinas.

En la historia de la humanidad pareciera haber siempre, o casi siempre, una constante: cuando dos culturas se encuentran y una tiene mejor tecnología, la otra suele llevarse la peor parte del encuentro.

Así lo dijo Stephen Hawking, una de las mentes más brillantes de los siglos xx y xxi, cuando le preguntaron sobre si era prudente buscar vida inteligente en otros planetas. Respondió que no, y recordó lo que pasó con Cristóbal Colón y los pueblos originarios de América. Dijo que, siguiendo la lógica de nuestra propia historia, podrían extinguirnos como a una colonia de bacterias.

En nuestra historia terrícola, local y polvorienta de las pandillas sampedranas, la disparidad tecnológica no se limitó solo a objetos, sino también a ideas, a formas de organización. Las pandillas de origen californiano superaban en este tipo de tecnología a las locales. Mientras estas últimas se enfocaron durante años en fortalecer una identidad barrial, en núcleos cerrados y altamente desorganizados, las pandillas californianas traían ideas más complejas. Pensaban en grande. Pensaban en regiones, no en barrios. Pensaban en confederaciones, no en grupos.

Cuando comenzaron los enfrentamientos a principios de los noventa, los pandilleros morían a diario, incluidos los dieciocheros. Pero en la matemática de la muerte, los muertos no se contaban igual. Para los Cedillo, perder un miembro de su banda implicaba, además de perder un miembro de la familia, perder un eslabón insustituible. Para los dieciocheros, era perder una pieza, una pieza importante pero reemplazable. Un mal necesario. Tenían, además, la posibilidad de reemplazarlo con otro miembro de otra colonia o, en el peor de los casos, moldear un nuevo pandillero con ese barro humano, con el *human waste* de la ciudad, ese desecho que tanto ansiaba convertirse en pandilla.

Otra ventaja, tecnología superior diría Hawkins, tenía que ver con la lógica del sacrificio. Esa máxima no escrita de las pandillas de origen californiano que reza: «La muerte individual da vida colectiva». La lógica de las hormigas.

Bullet fue uno que se sacrificó por su hormiguero. Murió en esas guerras fundacionales de los años noventa contra los pandilleros tradicionales. Murió el pandillero, sobrevivió la pandilla.

—¿Tacoma? ¿Qué es la pandilla para ti? —le pregunté. Su respuesta fue:

—Mi pandilla es mi pasión, es mi droga, es mi amor.

3

PORKY

Porky cumple a cabalidad la secuencia: deportados que llegan con una nueva propuesta, pobreza que se lo come todo, un país enfocado en otras cosas, niño abandonado por su familia, deportados encontrando al niño.

Alexander Mendoza huyó de su casa cuando tenía alrededor de 10 años. Es decir, huyó en cuanto pudo, en cuanto su cuerpo se lo permitió. Pasó varios meses a principios de los años noventa vagando por las calles y durmiendo en los callejones de San Pedro Sula. Se juntaba con otros niños y juntos hacían una manada. Robaban carteras y relojes en las calles del centro y los vendían o los cambiaban por pegamento de zapato o solvente de pintura.

Alexander y la manada de niños «huele pega» no tenían un objetivo que fuera más allá de conseguir la droga del día siguiente. Vagaban sin rumbo, como nómadas chiquitos, por las calles de la gran ciudad industrial de Honduras.

Una noche llovió. Alexander se refugió en un edificio abandonado cerca del barrio Barandillas y del centro de la ciudad. Ahí llegaron más tarde otros nómadas. Un grupo de hombres jóvenes que tampoco tenían dónde quedarse. Llegaron con su marihuana, sus Nike Cortez, su idioma raro y nunca más se fueron de la vida de Alexander Mendoza. Eran miembros de la Mara Salvatrucha 13. Entre ellos estaba el Indio, de la clica angelina de Leeward Locos Salvatrucha.

Los pandilleros tienen sus ritos y sus protocolos. Después del ritual del «brinco», una persona pasa oficialmente a ser considerada como pandillero. Sin embargo, si hubiera que establecer en qué momento ese niño dejó de ser Alexander Mendoza y se volvió Porky, sería ese, en ese edificio abandonado, mientras caía esa tormenta.

Después de esa noche, ese niño no se separó jamás de la Mara Salvatrucha 13 ni del líder de ese grupo de pandilleros deportados. El Indio era un pandillero sampedrano que se fue muy joven a Los Ángeles. Ahí, al igual que muchos hondureños y guatemaltecos, se unió a una pandilla de salvadoreños. Al final de cuentas, todos los centroamericanos eran vistos bajo el mismo orden por los diferentes etnogrupos de la ciudad, y los hondureños se sentían identitariamente más cerca de los salvadoreños que de los mexicanos y, por supuesto, de los anglos, afroamericanos o asiáticos.

Indio era bueno con las armas. No me consta si disparándolas, pero sí reparándolas. En 1993, consiguió trabajo en una reconocida armería de la ciudad, Armería López. Aún existe y está en la primera calle, en el centro de la urbe. El local conserva todavía su antigua publicidad de los años noventa pintada en el muro.

«Que no le suceda esto», dice un rótulo, y debajo de este hay un dibujo de un hombre mayor sosteniendo un revólver que hace «clic, clic». El hombre está cayendo tras recibir un disparo de un joven, gallardo y sonriente, cuyo revólver sí funciona porque lo compró en Armería López. Ambos llevan sombrero.

La ciudad también habla, también cuenta su historia.

En esta armería de publicidad tan explícita, Indio de Leeward encontró una forma de ganarse la vida. Por esos años, en San Pedro Sula, y me atrevo a afirmar que en todo el norte centroamericano, ser pandillero no implicaba en absoluto tener dinero. Los complejos sistemas de extorsión no existían; comenzarían diez años después. La venta de drogas, el sicariato, el secuestro y el robo ya estaban copados por los grupos criollos. Eran algo así como los monjes cartujos del universo criminal: se les admiraba, pero muy pocos querían esa vida.

Indio enseñó a Porky los secretos de las armas. Le enseñó a limpiarlas, a repararlas, a fabricarles piezas faltantes. Incluso le enseñó cómo fabricarlas desde cero. Mientras reparaban correderas y limpiaban el óxido de los cañones, le habló de la historia de la Mara Salvatrucha 13. Le contó cómo en un inicio fueron un grupo de roqueros salvadoreños alucinados por el *heavy metal*. Le habló de los primeros enemigos de la pandilla, en aquella tierra soñada de donde también vinieron las grandes bananeras. Le habló de una fiesta donde dieciocheros y salvatruchos pelearon, y de cómo después se buscaron y se buscan por toda la región para matarse, en una especie de juego serio donde la vida es el honor y el honor bien vale la vida.

En 1993, corrió sangre salvatrucha por primera vez en suelo sampedrano. El Barrio 18 hizo el primer movimiento en suelo hondureño. Asesinaron a Sored en la colonia San José. Esto fue el inicio de las hostilidades. Después de esto, la Mara Salvatrucha 13 asesinó a Pirata del Barrio 18. Estos últimos respondieron con otro asesinato y los primeros respondieron de la misma forma. Así, en ese círculo de muerte, continúan hasta hoy. Lo que empezó con Sored y Pirata dio frutos. Frutos amargos, nocivos, frutos de sangre, pero frutos al final.

La MS13 se propagó por San Pedro Sula y las ciudades aledañas. Los deportados cayeron como lluvia e hicieron florecer en la pandilla a toda una generación de niños y adolescentes pobres. Para 1994, la tercera calle del centro ya se consideraba un núcleo importante de la pandilla. Ahí llegaban de todas las colonias de la ciudad donde los deportados sembraron semillas. Ahí estaba el Liceo Morazánico, de donde salieron cuadros importantes como el Food de Leeward, el Cody de Leeward o el Peluche de Leeward. Ellos jamás habían estado en Leeward, ni en Los Ángeles, pero sí su padrino, el Indio. Así que los bautizó como si fueran de su clica. Para las pandillas de origen californiano, la clica es el apellido.

Alrededor del Liceo Morazánico hicieron su lugar. Según Porky y otros veteranos de la pandilla, en buena medida por razones más relacionadas con la vida adolescente que a una aspiración criminal: las muchachas.

—Ahí llegábamos a muñequiar. Ver las muñecas, pues. Ahí nos juntábamos la grulla a ver si conseguíamos algo.

Una de esas «muñecas» lo recuerda muy claro. Para ella, la salida de clases era como ir a una fiesta. Afuera estaban los emeeses y este hecho, que espantaría a padres de familia y convocaría a militares y policías ahora, en 1994 era visto como algo molesto, poco deseable, pero normal. Muchachos rebeldes visitando a chicas del liceo.

Frente al liceo, un emeese conocido como el Noise encendía, a las 12:30, hora de salida del liceo, una radio de baterías y bailaba el *breakdance* que había aprendido en California. Era una especie de *show* cotidiano que el joven pandillero montaba. Alrededor de él se iban pegando decenas de muchachos y muchachas hasta formar un círculo. La cosa se ponía mejor cuando el Noise se atrevía a soltar algunas líricas improvisadas de rap.

A un costado del círculo de Noise, en una tienda pequeña de nombre «Salsita Picante», tomaban refrescos otros emeeses, y a unos metros más, pandilleros hacían competencia de videojuegos en un modesto negocio llamado «Maquinitas Milenium». Lugares anodinos, historias chiquitas. Así empezó la historia de la pandilla más poderosa de Honduras.

Con la llegada de los deportados y la instauración de ese conflicto cíclico con el Barrio 18 y otras pandillas, los muertos se volvieron más frecuentes. Los muertos, por lo menos los sampedranos, tienen una innegable vocación gregaria. No gustan de la soledad. Como se verá a lo largo de este libro, muerto llama a muerto.

Poco a poco dejaron de ir a los videojuegos y ya no visitaron a las chicas del Morazánico, eran presas muy fáciles para sus enemigos allí. La guerra, esa guerra inventada por ellos mismos, los obligó a crecer rápido. La adolescencia termina cuando empezás a enterrar a tus muertos.

Indio fue asesinado en 1997. No fue en una batalla, fue mientras trabajaba. Le habían pagado unos lempiras por reparar la rosca de un bombillo eléctrico. Estaba en una escalera cuando recibió los disparos de los dieciocheros. Después de enterrar a este muerto, el primero que Porky consideraba suyo, decidió unirse formalmente a la pandilla. Quería vengarlo, pero en el mundo de las pandillas matar a un enemigo es como anotar un gol, y los goles solo se pueden anotar si se pertenece a un equipo.

Para 2022, Porky se ha convertido en una leyenda. Estrenó una nueva forma de ser pandilla, una más apegada a aquel concepto de *bandido social* acuñado por el historiador británico Eric Hobsbawm. Porky apostó por transformar la MS13 en algo más digerible para las poblaciones, deshizo el complejo sistema de extorsiones, dando un respiro económico a los pequeños negocios de los territorios controlados por su estructura, e instauró una serie de nuevos códigos para los miembros. También transformó a la MS13 en una megaempresa criminal capaz de ingresar a casi todos los rubros comerciales de Honduras, siendo actualmente uno de los mayores empleadores de toda la zona norte del país. Si la MS13 fue definida como una pandilla de origen californiano durante décadas, hoy, si queremos ser precisos en su definición, deberemos llamarla *mafia nacional de origen pandillero*.

—Porky —le pregunté yo de forma ingenua—, si has eliminado la extorsión, que era una de las principales fuentes de ingresos de tu pandilla, ¿de qué vivirán ahora?

—Hay muchos negocios, Juan. Incluso mejores.

—¿Como la droga?

—Ja, ja, ja. No, Juan… no solo de droga vive el hombre.

DIARIO DE CAMPO

(El perfume. Julio de 2019)

Estoy en llama, en la zona de registro de la prisión de máxima seguridad apodada por reos, funcionarios y por el mismo presidente Juan Orlando Hernández como El Pozo. Ya pasé por un escáner para verificar que no llevo nada dentro de mi cuerpo o escondido en las suelas de mis botas. Los custodios me indican que debo esperar y me señalan unas sillas de plástico. Preparo mis apuntes. Serán entrevistas importantes en mi investigación.

La puerta del presidio se abre nuevamente y entra un grupo de mujeres jóvenes. Se nota que no es la primera vez, algunas incluso bromean con los custodios. Están muy arregladas. Los custodios parecen porteros y esto parece más la fila en una discoteca neoyorquina que una visita al penal más seguro del norte de Honduras. La primera es una rubia alta, de busto grande, abdomen plano, piernas fuertes y largas, y labios carnosos.

Lleva tacones de aguja y un vestido... Camina confiada, perfecta, haciendo sonar a cada paso sus pulseras y brazaletes dorados. Detrás de ella hay una mulata de pelo rizado y cuerpo imposible que lucha por acomodar sus pestañas postizas. Le cuesta, sus uñas están tan largas que cada maniobra es un riesgo de muerte para su globo ocular. Pide ayuda a otra mujer y entre las dos logran colocar esas pestañas de avestruz en su lugar.

La fila no es muy larga. Serán unas diez mujeres que vienen desde San Pedro Sula a hacer visitas conyugales al sector de los dieciocheros. Creo que no rompo el método de verificación de datos si digo que estas mujeres vienen desde San Pedro expresamente a coger. Creo que puedo tomarme esa licencia.

Al pasar a mi lado, me miran desde lo alto de sus tacones, casi con desprecio. Como a un niño fisgón que se coló en su desfile, y es justo así como me siento. Se mueven con cuidado y entre ellas se van retocando el maquillaje, los minúsculos vestidos y los peinados. Bromean nerviosas y se hablan al oído. Una tararea una canción de reguetón y contagia a las demás, como si no pudieran evitarlo realizan una serie de movimientos cortos y sensuales. Se hacen caras coquetas entre sí, se limpian con toallitas húmedas el exceso de labial y se preparan para ser el banquete de una fiesta carnal en el pabellón dieciochero. Son muy cuidadosas, no se mueven rápido, los tacones no se lo permiten, y supongo que tanto recato al andar busca evitar que el sudor estropee los peinados, corra el maquillaje y las haga oler fuerte, como este calor nos hace oler a los mortales. Así que no se esfuerzan, se mueven como se moverían los maniquíes si tuvieran vida.

Cuando pasan frente a mí, siento el revoltijo de perfumes que dejan flotando en el aire. Es una fiesta de frutas, flores y alcohol que se mete hasta el cerebro para hacer su orgía.

Van escoltadas por los custodios, a quienes no dirigen la mirada. Visto sin contexto, parece la entrada de un elenco de estrellas de cine a una premier.

Las visitas íntimas en El Pozo no solo sirven para calmar el fuego de los internos o satisfacer el deseo de dos amantes. Es una de tantas formas para que los líderes pandilleros sigan al frente de sus estructuras. Con esas mujeres, y su estela de perfumes afrutados, llega información importante sobre el acontecer de los barrios, sobre el caminar de la pandilla y sus miembros. Según mis fuentes en las pandillas y las bandas de San Pedro Sula, no solo se trata de información confidencial o grandes planes estratégicos. Muchas veces se trata de pequeñas historias ocurridas en los barrios que solían gobernar. El embarazo de una sobrina, el desempeño del nuevo integrante en la última balacera o la picadura de un animal extraño en el pie de la vecina. Esos hombres siguen «viviendo el barrio» a través de las palabras de sus amantes.

Las mujeres en las pandillas, tanto pandilleras como parejas y colaboradoras, están lejos de ser protagonistas. Son vínculos de los pandilleros con todo lo que dejaron afuera. Además, se encargan de la parte operativa, labores de comunicación, control de la población en los barrios y todo lo relacionado con el cuidado de los pandilleros y su progenie. Digamos que su rol es similar al de la mujer pobre en las sociedades centroamericanas, pero exagerado. .

Cuando hablé con las pandilleras del Barrio 18 en una de las cárceles para mujeres del norte hondureño, ellas, para hacerme entender su rol en la estructura de una vez por todas, me soltaron una de esas frases puntuales, esas que ayudan a entender dinámicas profundas: «Es que mire, Juan, nosotras estamos ahí para lo que ellos nos ocupen. Punto».

No quisiera caer en el discurso falaz de ponerlas en la posición de las cosas o los niños. Sin poder, sin agencia, sin decisión, sin capacidad de participar en la fiesta de la violencia. No, eso sería lo más fácil. Intentaré entonces yo también hacer una frase resumen: «Si la pandilla fuese un carro, los hombres serían el motor, y las mujeres todo lo demás».

Todos sabemos que los carros no andan solo con el motor.

Termina el tiempo de visita en El Pozo. Solo pude hacer dos entrevistas, pero fueron largas y agotadoras. Estoy molido y bañado en sudor. Han sido alrededor de seis horas con los dos líderes nacionales de las dos pandillas más grandes del país. En la requisa de salida me encuentro con el mismo grupo de mujeres. Ríen a carcajadas. Todas van descalzas o en calcetines. Llevan los tacones en las manos y sus rostros se han sacudido el maquillaje. De los peinados y la pose de maniquíes no queda nada. Tampoco de su actitud de divas inalcanzables. Ahora me tiran besos y me dicen cosas vulgares y explícitas que no repetiré; sé que mi madre leerá este libro. Se sientan en el suelo y se hacen colas en el pelo unas a otras. Los perfumes también se han ido. Nada queda de los olores afrutados e intensos que las acompañaban al principio. Ahora huelen a sudor, calor, fluidos y encierro. Huelen a cuerpo.

En la obra maestra del alemán Patrick Süskind, *El perfume*, Jean-Baptiste Grenouille, el personaje principal, captura y asesina a muchachas para extraerles el aroma y así tratar de fabricar el olor de sensaciones complejas, como el amor o el deseo, lo cual logra con el tiempo. Creo que si Jean-Baptiste Grenouille estuviera aquí y fuera coherente con su personaje, diría que estas mujeres concentran en ellas el olor del sexo.

4

UN PENAL PARA VIEJOS REOS

El Pozo, como mencioné páginas atrás, es un penal nuevo. Se fundó en septiembre de 2016 con la llegada de 37 reos, en su mayoría líderes de la MS13 y el Barrio 18, entre los que se encontraban Tacoma y Porky. Entre marzo y abril de 2017, se trasladaron a 1 131 reos más, todos provenientes de otra cárcel que sería demolida ese año.

El presidente Juan Orlando Hernández y varios miembros del gabinete, en sus pomposos discursos de inauguración, afirmaron que el nuevo penal era prácticamente inviolable. Anunciaron que con este proyecto se terminarían las fugas, los asesinatos, los motines, las balaceras y todos esos males vergonzosos que han acompañado al sistema carcelario hondureño; pero, sobre todo, dijeron que se acabaría la comunicación de los líderes de pandillas con sus estructuras. Tanto Porky como Tacoma fueron trasladados en helicóptero, rodeados de un impresionante despliegue de policías, militares y equipos de prensa gubernamental.

Una nueva era empezaba en el mundo carcelario hondureño, señalaron los políticos.

Pero todo eso que los políticos dijeron que no pasaría, pasó. De hecho, pasó muy pronto.

En octubre de 2017, hubo una pelea entre pandilleros. Dos reos, miembros del Barrio 18, resultaron heridos de bala y otros dos con arma punzocortante. En 2018, se fugó Esdrac Enoc García, conocido como el Colombiano. Era un reo de nacionalidad colombiana y estaba acusado de pertenecer a grupos del narcotráfico. Según declaraciones presentadas por los custodios, el reo se quedó un poco más del tiempo que le correspondía en el patio con la excusa de «seguir haciendo deporte» y luego saltó el muro y se marchó. Si lo dicho por los custodios fuera cierto, lo cual dudo, pero si eso fuera así de simple, definitivamente no lo es, la estrategia de escape del colombiano Esdrac no habría sido más compleja que la de un adolescente que se fuga de la casa de sus padres.

En este penal de máxima seguridad, más hombres morirán en los próximos años. Morir a balazos. De hecho, será escenario de una de las conjuras más vergonzosas del gobierno de Juan Orlando Hernández. Ya llegaremos a eso. Pero antes de continuar avanzando, debemos hacer un paréntesis, uno largo pero necesario. Debemos retroceder en el tiempo y trasladarnos a ese penal demolido, de cuyas entrañas salieron tanto los asesinos como las víctimas. Debemos regresar a la noche del fuego.

5

LA NOCHE DEL FUEGO

En la madrugada del 17 de mayo de 2004, al sociólogo Ernesto Bardales, el académico pandillerista de San Pedro Sula, lo despertó una llamada. La voz al otro lado no dijo mucho.

«Ernesto, el penal se está quemando».

Bardales, después de haber sido director de un centro de detención de menores, fundó JHA JAA, una ONG cuyo objetivo siempre fue una quimera: transformar a las pandillas sampedranas en algo similar a asociaciones culturales. Mantener la identidad de pandilla, pero en lugar de tiros y machetazos, competir en grafitis, poesía y baile. Un molino de viento, un desvarío bueno, pero un desvarío al fin y al cabo.

Esta utopía, o esta vocación quijotesca, lo llevó a conocer a los pandilleros sampedranos, a ganarse su confianza, a entenderlos y, en consecuencia, ellos hicieron lo mismo con él.

Esa madrugada, Bardales condujo como siempre, a toda velocidad. Lo que presenció en el penal todavía lo acompaña, se quedó con él. Aún lo ve en las noches y lo huele en sueños.

Dos horas antes, minutos más minutos menos, al Liebre de la MS13 lo despertó un grito desde el interior de su celda en el presidio general de San Pedro Sula. La palabra que habitaba aquel grito era clara, total, no necesitaba más explicación.

«Fuego».

Liebre vio el resplandor de las llamas, sintió el calor, quiso correr hacia la salida, pero justo ahí estaban las llamas. En el suelo yacían los primeros cadáveres. El fuego pasaba por su piel, el humo por sus pulmones. Hundió los pies en aquellos cuerpos crocantes para llegar a la reja de salida, pero los barrotes estaban calientes. Se quemó las manos, dejó la piel en ellos. El fuego salía de uno de los aires acondicionados. El olor a gasolina inundaba todo el sector. Los cuerpos empezaron a caer. El humo puede causar un gran daño a los pulmones. El fuego, insaciable, deambuló por todo el sector en busca de más carne. Liebre y otros intentaron forzar la reja, casi lo logran, pero entonces empezaron los tiros. Los custodios no entendieron, o entendieron todo, y comenzaron a disparar hacia la reja. Casi le dan a Liebre, pero los tiros se alojaron en otros. Fuego y plomo hicieron una fiesta en los cuerpos de los emeeses.

Diez horas antes del grito que despertó a Liebre, las cosas se habían puesto tensas en el presidio. El recinto, uno de varios destinados a la MS13, estaba en la parte baja, justo debajo de la bartolina 3. Arriba se encontraban los sectores dominados por otros reos, miembros de bandas y sampedranos comunes que tuvieron la mala fortuna de ser capturados mientras cometían alguna fechoría.

Entre los emeeses y los «paisas», como se les llama en el argot carcelario a los reos no afiliados a la MS13 y al Barrio 18, no había buenas relaciones. Aquella tarde, mientras veían el futbol, cayó una granada. Era de fabricación casera, o en este caso, carcelaria, y no explotó. No cumplió con la única función que puede tener ese artefacto, pero dejó claras las intenciones. Los emeeses no respondieron ese día. Ese día estaban viendo el futbol.

Quince días antes de la caída de la granada dejó de caer otra cosa, algo menos vil: agua.

En este penal, el agua no es algo que se obtiene con solo girar un grifo. Requiere de toda una logística. La MS13 construyó dos grandes pilas en su sector para poder almacenar el agua que llega de forma intermitente al penal, agua para bañarse, limpiar, utilizar en los baños y beber. Todo proveniente de las mismas dos pilas que ese día se habían terminado de secar.

Diez horas después de la inútil caída de la granada, una hora antes de la llamada al sociólogo Bardales, en el mismo momento del grito que despertó a Liebre, mientras el fuego causaba su masacre, no había agua en las pilas.

Ese día murieron 107 hombres y 60 más quedaron lesionados, con los pulmones quemados y menos miembros de los que llevaron a la cama esa noche. A los muertos los pusieron en un patio, con un papel sobre el pecho con su nombre para aquellos que fueron identificados, mientras que a los no identificados no se les colocó ningún papel. Los heridos más graves fueron llevados al Hospital General de San Pedro Sula, conocido como El Catarino. Allí, los doctores y enfermeras se resistieron a atenderlos. A Liebre, un doctor le dijo que debían amputarle las orejas, estaban carbonizadas, pero el pandillero se negó diciendo:

—Ahí déjemelas, que se me caigan cuando ellas quieran.

El doctor accedió a su petición. Luego, otro médico dijo en voz alta:

—Que se mueran estos hijos de puta. Estos malditos, si te encuentran en la calle, no te perdonan.

Liebre todavía tiene las orejas. Hablé con él en 2019, en la cárcel de El Pozo. No las tiene completas, son como alas rotas de una piscucha vieja. La piel de su pecho y espalda parece plástico derretido y en la cabeza jamás volvió a crecerle pelo.

Fue de los que corrieron con más suerte. Algunos nunca volvieron a respirar igual, otros quedaron ciegos o perdieron manos, pies o brazos. Otros murieron más tarde y, debido a la burocracia carcelaria, no entrarán en la cuenta de los 107 muertos.

Cuando el sociólogo Bardales llegó al sector, todavía olía a gasolina. Por eso, debido a los tiros de los custodios, las pilas sin agua y la granada, él no cree que esos hombres se hayan quemado, sino que fueron quemados. Es diferente.

En julio de 2019, mientras estábamos tomando cerveza en el área de la piscina de un hotel en la capital hondureña, Bardales hizo una pausa, miró hacia la mesa y me dijo que cuando llegó, el olor a gasolina se mezclaba con el de la carne quemada. Me dijo que se podía distinguir a los muertos de los vivos porque unos gemían y apestaban, mientras que otros solo apestaban. Esos gritos, esos olores, son los que se quedaron con él. Hay cosas que una persona no debería ver jamás. Hay cosas que se quedan con uno para siempre.

6

JUEGO DE TRONOS

Si el lector de este libro decide, por motivos académicos, curiosidad o simplemente por mero morbo, investigar sobre el tema de las cárceles, es casi seguro que su director de tesis, orientador académico o alguna suerte de tutor le sugiera buscar los libros de dos hombres: el francés Michel Foucault y el canadiense Erving Goffman. Si uno decide adentrarse y tratar de comprender estos «lugares especiales» en alguno de los primeros momentos de su investigación, terminará leyendo a estos dos señores.

A mí me pasó. Los leí cuidadosamente durante días, absorbiendo sus descripciones de lugares donde el Estado reeduca a su población descarriada mediante la vigilancia y el castigo en «instituciones totales», donde son despojados de sus nombres y sumergidos en un régimen panóptico donde son corregidos a través de la observación constante y anónima.

Con esta fórmula, estos dos señores entendieron las cárceles y, después de ellos, una larga lista de académicos que los leen utilizan sus obras como base para sus análisis.

Bueno, el asunto es que para comprender las cárceles hondureñas tuve que hacer un esfuerzo significativo para olvidar cada una de las palabras que escribieron estos dos señores. De lo contrario, habría sido imposible.

2015. Carretera del este, *megamall*. Domingo por la tarde. Han pasado 11 años desde aquel fuego que quemó a 107 emeeses en la cárcel sampedrana.

El muchacho de las botas se sienta frente a mí, desconfiado y arisco, y pone su casco de moto en la mesa. Lleva una chamarra negra y *jeans* ajustados, es muy joven.

Estamos en el *food court* de este enorme centro comercial. El ruido insoportable y cíclico de unas máquinas para niños lo inunda todo. Una familia de garífunas come pollo frito a dos metros de nuestra mesa y sus niños arman una algarabía impresionante en su idioma. Será difícil concentrarse, pero él lo prefiere así. Vamos a hablar de gente peligrosa que tiene orejas, y esas orejas tienen orejas.

—Vaya, Juan, yo te voy a contar la verdad de lo que pasó ahí. Te voy a contar la verdad porque yo estuve ahí, fui parte de eso —me dice como preámbulo antes de sumergirnos en las historias de celdas y callejones de esa ciudad amurallada donde vivió varios años de su juventud. Me hablará de todo lo que ocurrió después del fuego en aquel penal ahora demolido.

El penal de San Pedro Sula tuvo divisiones parecidas a las de la ciudad. Fue como un extracto de esta. Ahí, cada espacio tuvo dueño, un dueño local que administra su porción de mundo junto con el Estado, en contubernio con este.

Los paisas, esos reos que no tienen afiliación a ninguna pandilla, tienen el área más grande del penal y no comparten espacios con los otros dos sectores de pandilleros.

Para principios de 2008, apenas cuatro años después del incendio, cada paisa veía por sí mismo en el penal sampedrano, y era responsabilidad de cada uno conseguir su propio machete, pistola o pagar a alguien que lo hiciera por uno, y mal o bien las cosas marchaban.

Sin embargo, había una falla en ese sistema, un error que nadie previó: los pesetas. Esos miembros renegados o desertores de la MS13 o el Barrio 18.

—Si sos un peseta no te pueden meter a donde tu expandilla, te pican inmediatamente, y no te pueden meter a donde la otra porque te pican también. La cárcel no es tan grande para hacer otro recinto, así que les toca vivir donde la población paisa —me dice el muchacho de las botas.

Pero los pesetas llevan en el alma la pandilla, y si bien abandonaron la estructura, no se desprendieron de la lógica de vida. Se unieron dentro del penal y, sin importar la pandilla de procedencia, pasaron a formar un grupo, uno fuerte, probablemente el más organizado dentro del sector paisa a principios de ese año.

Empezaron pidiendo dinero a las visitas, luego exigiéndolo, y una vez conscientes de su poder, aspiraron más alto. Comenzaron a gobernar el sector a fierro y plomo.

Esta cárcel representa peligro, el lector lo verá más adelante, pero también representa oportunidad. Hay todo tipo de negocios, lícitos e ilícitos, desde la venta de drogas y el tráfico de armas hasta bares, restaurantes, prostitución y hasta un motel para que funcione el último rubro.

Los pesetas se pasaron. Fueron golosos. Un día extorsionaban a un reo, otro día robaban comida, otro día decretaban un impuesto.

—Los pesetas llegaron a un punto en que hasta violaron a algunas chicas que llegaban de visita. Nadie hacía nada porque ellos eran los más organizados y tenían las armas —me contó el muchacho de las botas.

Todo cambió en abril de 2008.

En el presidio de San Pedro Sula cumplen condena hombres rudos, bandoleros de abolengo y hombres cuyas historias les preceden. Uno de ellos era Roberto Arturo Contreras Cruz, quien fue un famoso asaltante y secuestrador del norte hondureño. Este hombre se ganó su apodo cuando liberó, en un movimiento audaz, a los hermanos secuestradores Nahúm y Santos Padilla Bustillo, miembros importantes de la banda Padilla-Bustillo. Como pueden ver, la creatividad no era el fuerte de esa banda. Sí lo era la de Roberto Contreras, quien robó un camión de volteo de cemento, o volqueta, y lo estrelló contra una de las paredes del presidio, haciendo un hueco por el cual escaparon los hermanos. Desde ese momento se le conoció en la ciudad como Chele Volqueta.

Este bandido fue apresado nueve años después, en 2007, acusado del secuestro de niños y otros delitos. Cuando llegó al penal, fue recibido entre vítores, como un *rockstar* del hampa sampedrana, por aquel *show* magistral de escapismo en 1998.

Este bandido, como todos los bandidos, tenía enemigos. Estos enemigos no podían tocarlo dentro del penal, así que pagaron a quienes sí podían. El 26 de abril de 2008, al mediodía, mientras Chele Volqueta almorzaba en el comedor Randy, uno de los tantos negocios que les pertenecen a los reos y por los cuales pagan una cuota al administrador del centro, llegó Jhonny Antonio Jiménez, alias el Inmortal, el líder de los pesetas, y lo mató a balazos con un revólver .38.

Unos dicen que el emblemático forajido se ahogó en su propia sangre en el suelo del comedor, otros dicen que en la ambulancia rumbo al hospital, otros que murió al instante y sin dolor. Siempre hay muchas historias sobre la muerte de los bandidos famosos.

Una nube oscura de consternación se apoderó de los paisas. Si podían matar a un reo de tanto prestigio, podrían matar a cualquiera. Los tres reos más viejos y reconocidos del penal se organizaron en ese mismo momento, algo había que hacer o todos estarían en manos de los pesetas. El que los lideraba era Francisco Brevé, un bandido de la talla del finado Volqueta.

Juntó a su gente, sus armas, y reaccionaron ese mismo día. Formaron un equipo de cazadores. Uno de estos era el muchacho de las botas. Apenas tenía 18 años en ese momento.

Cuenta que no fue difícil acabar con la «plaga», como les dice a los pesetas. Los cazadores tenían pistolas, machetes y granadas, y los pesetas, confiados en su poder y en el temor que infundían, estaban desperdigados por todo el recinto.

Aquella matanza fue rápida, duró apenas una hora y dejó ocho muertos. El grupo de pesetas era numeroso y no pudieron asesinarlos a todos. Los que quedaron fueron enviados al penal de Támara en Tegucigalpa, la capital hondureña, donde los amigos y admiradores del famoso escapista asesinado terminaron con ellos.

La sangre de los pesetas regó el presidio general de San Pedro Sula y, como es ley en la selva de los penales centroamericanos, ese riego dio frutos y abonó el nacimiento de un nuevo grupo de «hombres fuertes» encabezados por Francisco Brevé, conocido desde ese momento en adelante como don Brevé.

DIARIO DE CAMPO

(Día de mercado. Marzo de 2015)

El calor se ha instalado en la ciudad de San Pedro Sula, aunque apenas son las ocho de la mañana. En la fila para entrar al presidio, todos nos arrimamos al paredón que todavía proyecta un poco de sombra salvadora. Los que vengan más tarde se verán a merced de los rayos.

La fila avanza despacio. Un grupo de hombres mayores discute tranquilamente sobre si es bueno o no tener mucho sexo para llegar a viejo.

—Cada vez que usted está con una mujer son varios segundos menos de vida —dice el más viejo, y los demás se quitan la palabra para hacer viriles bromas al respecto.

—Ya yo estuviera muerto hace años —responde uno muy gordo.

—Yo le debería como diez años al Señor —dice otro.

Son cuatro, y solo dos de ellos van a visitar a alguien. Los otros dos van a comprar mercadería que fabrican los reos.

En la fila hay una familia numerosa que arrastra bultos enormes. Vienen de lejos y se quedarán varios días adentro, con su familiar, y para subsistir en estos días, y no regresar a casa con las manos vacías, traen vituallas para venderles a los otros reos. Más que una visita, es un viaje de negocios.

El penal es también un mercado.

Cerca de las diez de la mañana, un reo sale caminando por la puerta del penal y grita a todo pulmón: «¡Pollo, champú, poooollo! No pierda la fila, no pierda la fila. ¡Poooollo!». Esto es oficialmente, y si nos apegamos a las definiciones, una fuga. Un reo saliendo del penal sin haber cumplido su condena. Pero para entender este lugar, debemos olvidarnos de formalismos y definiciones. Habrá que olvidarnos de Foucault y Goffman y quizá pensar en García Márquez y su realismo mágico.

Varias personas le dan dinero, se mete en la ciudad corriendo, y al cabo de un rato él regresa con bolsas de pollo frito al estilo Kentucky. La gente le da una propina o una pieza de pollo, y luego el joven pide permiso a uno de los soldados para volver a entrar al presidio y continuar cumpliendo su condena. Esa es su forma de ganarse la vida honradamente.

Adentro, la requisa es un mero trámite, algo que no tiene ningún sentido. Damos nuestros nombres, decimos a qué sector vamos y para adentro. Eso, o también está la forma fácil. Das un billete de cien lempiras (unos cinco dólares aproximadamente) y ni siquiera te preguntan el nombre. Con doscientas lempiras más, ni siquiera haces fila.

Yo preferí ahorrarme las cien lempiras, así que un soldado me pidió un documento y a cambio me entregó una ficha metálica con un número grabado, acompañada de la recomendación: «No la pierda». Supongo que perder esa ficha es otra forma rápida de convertirse en reo.

Me espera Virus, un pandillero delgado con al menos cinco cadenas de oro colgando de su cuello. Para esta visita, él será una especie de mayordomo o chambelán. Yo vine a hablar con otra persona, alguien más poderoso que él, pero para llegar ese otro, debo hablar primero con Virus. Es la burocracia de los bandidos.

Virus me conduce hasta una sala grande, donde por lo menos treinta pandilleros están viendo televisión o conversando con sus visitas. Subimos por unas gradas y llegamos a un pasillo donde hay mínimo cinco habitaciones. En la última habitación del pasillo me recibe el Susurro. Está acostado y mira una película en una enorme pantalla plana empotrada en la pared. En su habitación hay un minibar y un tubo de *pole dance*, y tiene tres *smartphones* desparramados por la cama, y alterna varias llamadas antes de dirigirme la palabra. Su pequeño refrigerador hace un ronroneo casi tranquilizador. Me ofrece Coca-Cola, aunque yo desearía tomar una cerveza. Sin levantarse, con todos los modales de un burócrata con poder, me dice:

—Buenas tardes, ¿en qué le puedo ayudar?

7

EL LEGADO DE DON BREVÉ

Con la llegada al poder de don Brevé en abril de 2008, después de la carnicería de los pesetas, muchas cosas cambiaron. Lo primero que hizo, probablemente en un afán de curarse en salud contra sublevaciones, fue prohibir la tenencia de armas, tanto blancas como de fuego. Es curioso que la primera vez que se desarma el penal, que realmente se desarma, sea por orden de un interno. Esto, junto con el liderazgo fuerte de don Brevé, hizo que los niveles de violencia al interior se desplomaran.

A veces, los hombres solo necesitan saber quién manda para vivir en paz. Luego, don Brevé estableció una relación cercana con el funcionario penitenciario Hugo Hernández, el administrador del presidio por parte del Estado hondureño. La administración penitenciaria formalizó hace años la figura de los caudillos carcelarios, llamándolos «coordinador general de reos», un cargo menos violento y que no llama tanto la atención en los reportes oficiales.

Lo que estos informes nunca dicen, ni dirán, es cómo se llega a ocupar este puesto.

El coordinador es el intermediario principal entre la administración del penal y los reos. A través de él, los reos canalizan sus quejas, pedidos y sugerencias. De la misma manera, la administración se comunica con los reos. Representa un mínimo de control dentro del caos eterno del presidio y garantiza que los negocios prosperen y el dinero fluya hacia todos lados.

Si el reo coordinador no puede mantener una relativa paz, no sirve ni a la administración ni a los internos.

Toda la economía carcelaria pasa por las manos del coordinador y el administrador. Ellos otorgan las «licencias» para los negocios que funcionan en los pasillos y callejones de la cárcel. Juntos, otorgan permiso para construir un cuarto privado para algún reo de clase alta, o la instalación de televisión por cable en tal o cual celda.

Por todo este negocio hay un precio, una cuota que se debe pagar. Esa cuota pasa a través del coordinador hacia el administrador y de este hacia el director del penal. En cada pasada de manos, lógicamente, ese dinero se va adelgazando. Para cubrir en cierta medida estos movimientos económicos diarios, la administración ha creado una partida llamada «gastos no gubernamentales». No se esforzaron mucho.

Don Brevé y Hugo Hernández lograron acuerdos y la población carcelaria gozó de algún tiempo de tranquilidad. Pero en un lugar como el presidio sampedrano, la tranquilidad es un lujo que, con el tiempo, se hace aburrida, se desgasta y se vuelve obsoleta.

Don Brevé enfrentó más de un reto durante su reinado en la cárcel sampedrana. La mayoría fueron pequeños y se ahogaron en sangre antes de volverse demasiado grandes. En general, los reos que vivieron en esa época dicen que la paz reinó en el presidio. Don Brevé tenía pocos enemigos y, si existían, rumiaban su odio en las sombras de las celdas, sin que nadie se enterase.

Esa misma mariposa caótica que aleteó en la historia de los pandilleros elegantes y bailadores de la Mao Mao, también aletearía para los hombres del penal de San Pedro Sula.

Don Brevé estaba a punto de cumplir su condena a fines de 2011.

Y ocurrió lo que todos temían. Don Brevé se retiró y a principios de 2012 dejó el poder en manos de otro hombre. Su nombre era Mario Henríquez. Para el muchacho de las botas, ese nombre evocaba sangre, y ese año, 2012, fatalidad.

8

EL REY JOVEN

A diferencia de la fama de hombre conciliador de don Brevé, la de Mario Henríquez fue la de un hombre que causaba terror y abuso. Bajo el control de Henríquez, la extorsión era lo de menos. Incluso llegó a robarse la comida que el Estado destinaba a los reos. En un penal como este, con tantas oportunidades de comercio y negocio, esa comida, que es el día a día en los estómagos de los presos de otros lugares del mundo, aquí es vista como una especie de asistencialismo. Una medida cuasi comunista para alimentar a aquellos reos que no pudieron sacar raja del libre mercado interno, es para aquellos a los que la mano invisible de Adam Smith no los movió para ningún lado.

Bueno, esa comida se la robaba Mario Henríquez.

Siguiendo el guion del capitalismo más salvaje, Henríquez vendía esta comida a los comedores y restaurantes del penal a un precio mejor que el de otros proveedores externos porque a él esa comida no le costaba nada.

—Él fue creciendo y creciendo hasta el punto en que ya no lo aguantamos —dice el muchacho de las botas, mientras mueve la cabeza exasperado.

—Decía que él era jefe de este penal, que el penal era de él, y ahí el único jefe era Francisco Brevé, aunque estuviera libre —recuerda, mientras come una porción de pizza en medio de aquel torbellino sonoro del *megamall*.

La gota que rebalsó el vaso fue un día en febrero de 2012 cuando la novia de un reo muy joven conocido como Colocho llegó a verlo. Esas visitas en cabinas, que separan a reo y visita con cristales antibala, y en donde se comunican por auriculares, siempre estuvieron muy lejos de este penal. Acá, de la puerta del sector para adentro, es territorio de los internos y será responsabilidad de cada visita lo que le ocurra.

La muchacha se dirigía hacia la celda de Colocho cuando los hombres de Mario Henríquez la llamaron. El coordinador general de reos quería verla. La violó. Luego la violaron sus hombres.

La mujer llegó a la celda de su novio hecha un mar de lágrimas. Colocho se volvió loco, cogió una granada que tenía guardada y se dispuso a matar a Mario Henríquez junto con todo su consorte de violadores. La cólera se comió a la prudencia y al instinto de autoconservación. Pretendía explotarse con la granada dentro de la celda de

Henríquez y sus hombres. Se iría con ellos a donde sea que vayan los bandidos después de muertos.

El muchacho de las botas se lo impidió.

—Yo también caminaba con una granada en la mano, como un suicida de Al Qaeda, Juan, a mí me valía verga la vida… pero no era el momento —me dice el muchacho de las botas, supongo que justificándose por no haber reventado su granada y hacerse volar junto a su amigo.

Hubo disparos al aire, amenazas e insultos. Golpes de pecho entre gorilas… pero no era el momento indicado. Aquello pudo terminar en masacre; sin embargo, un hombre de 26 años logró domar la cólera de las antiguas huestes de don Brevé.

Su secreto de domador, su clave para que no derramaran más sangre fue prometerles sangre. Es decir, les prometió lo que deseaban, pero después.

Se trataba de José Augusto Díaz. Este nombre quizá no significa nada en la ciudad, como casi nunca significan nada los nombres de pila de los bandidos. Su nombre verdadero, por el que la ciudad lo recordará, es Chepe Lora.

—Aquello fue una balacera, porque ellos estaban armados hasta los dientes. Pero nosotros los agarramos de sorpresa —me dice orgulloso y con una gran sonrisa el muchacho de las botas. Ya oscureció y la familia de garífunas se ha marchado de este abominable centro comercial. Las máquinas escandalosas se han apagado y a estas alturas, aunque yo se lo pidiera, el muchacho de las botas ya no podría parar de hablar. Me imagino que con la misma fruición deben hablar los futbolistas cuando ganaron un partido que se daba por perdido.

Después de los primeros balazos sorpresivos de la gente de Chepe Lora hacia los hombres de Mario Henríquez, la saña del golpe se dirigió hacia la cocina donde trabajaba buena parte del grupo de Henríquez. La cocina en los penales siempre es un lugar de poder, permite administrar un recurso significativo o, como diría el antropólogo Richard Adams, «los procesos energéticos», cuyo control determina el poder.

El pequeño ejército de hombres jóvenes desbarató aquel lugar con todo y sus procesos energéticos. Llevaron ahí sus propios procesos de muerte. Mataron con tiros, mataron con machete, mataron con granadas. Mataron. Luego limpiaron aquel desastre con fuego. De esa cocina solo se salvó Roberto, un reo viejo, un cocinero que penaba una condena larga. Sin embargo, la sangre y la barbarie de ese día le dejaron los pensamientos revueltos. Ahora vaga por los callejones del penal, como un testigo fantasma de la masacre de aquel día.

Henríquez y sus pistoleros más cercanos pelearon con bravura. Lograron hacerse espacio a fuerza de tiros y filazos y se escondieron dentro de la bartolina número 18, una de esas celdas privilegiadas con aire acondicionado y bar que los reos con poder y dinero compraban al administrador del penal Hugo Hernández. Para llegar a Henríquez había que pasar antes por Elder Ramos Romero, uno de los pocos hombres que le quedaban, luego, como una última defensa, su perro. Un dóberman (o un rottweiler, o un pastor alemán, o un pitbull, depende de si conoce o no las razas de perros quien cuenta la historia) y luego, y no menos peligroso, el mismo Mario Henríquez.

Fuego.

No se arriesgaron a entrar. Rociaron combustible, muy probablemente aceite de cocina o gasolina, le prendieron fuego. Luego dispararon desde las ventanas y después entraron con sus machetes.

M estuvo ahí, fue de los primeros en entrar a la celda. Él no llegó buscando venganza, fue ahí buscando riqueza. Quería robar algunas de las cosas que el muerto ya no usaría.

Hablé con él después en un restaurante de San Pedro Sula. El mejor cuando de carnes y cerveza fría se trata. Fue, cuando menos, perturbador verlo devorar la carne asada mientras hablaba de cómo vio tostarse la de los hombres de Henríquez. M es joven, de pocas palabras, recién había salido del penal hacía unas semanas cuando lo invité a comer carne en 2015.

Mario Henríquez murió asfixiado por el humo. Mario Henríquez murió por las balas de la pistola de Chepe Lora. Mario Henríquez murió por los machetazos de decenas de reos. Mario Henríquez murió.

—Yo llegué a la bartolina de Mario a revolver, para ver que nos llevábamos, y cabal me topé con el cuerpo. Con otro lo arrastramos para afuera de la celda. Ahí lo agarró Shrek. Con un corvo [machete] le quitó la cabeza y le metió una gallina muerta en el hoyo. Se estaba desquitando porque ese Mario lo había pijiado [golpeado] una vez.

Después llegó David el Nuevo, y le quitó la paloma [pene] —contó M, mientras masticaba carne asada y chorizos, tres años después de aquel incidente.

El pene del tirano, junto con sus vísceras, se las dieron al perro que en la batalla final no marcó gran diferencia. Se las comió. Luego fue decapitado con el pene y las vísceras del tirano Henríquez dentro. Los brazos y las piernas se perdieron, como trofeos robados, entre la multitud de hombres y venganzas.

De Elder Ramos, la penúltima defensa de Enríquez, solo sé que murió. Su historia se quedó en los escombros de ese penal. No logré rescatar de esos despojos más que la certeza de que esa mañana murió junto a Mario Henríquez.

La cabeza de Henríquez fue lanzada al techo de la guardia de entrada. El penal sampedrano, en un insólito acto de autoconservación, consumió entero a Henríquez.

En esta parte de la historia, más nos vale confiar en las memorias de los que estuvieron allí, de los que mataron. Si Henríquez fue igual o más déspota que otros caudillos carcelarios, eso también quedará en los escombros del presidio. No debemos olvidar que la historia la escriben, o la cuentan mientras comen carne, los vencedores.

Periodista estaba cerca, a pocas cuadras del penal. Estaba comiendo pastelitos fritos en el barrio Medina, aunque no era hora para comer. Eran las diez de la mañana. Periodista recibió la llamada de un policía, dejó los pastelitos fritos y salió rumbo al penal. Unos policías amigos suyos lo dejaron acercarse y hacer algunas tomas desde el portón principal. Escuchó tiros, gritos, olió el humo. Desde una reja vio una cabeza ensangrentada en el techo de la caseta principal.

Periodista marcó varias veces al celular de un reo fuente suya conocido como Pistillo, espero yo que a estas alturas al lector ya no le sorprenda que los reos tengan teléfonos, pero no le contestó.

—Llegué, y en el techo de una galera de la entrada, una cosa como para cubrirse de la lluvia, vi la cabeza. ¡Pero no sabía que era la de don Mario Henríquez!

Sí era.

La cabeza de Henríquez tenía, además, un tiro en cada ojo. Se los dio un reo junto con una frase lapidaria: «¿Todavía te miras serio, no, viejo hijueputa?», dijo este reo anónimo antes de matar a Mario Henríquez por última vez.

La referencia de este último asesino de Henríquez es difusa. En los relatos se refieren a él como «el que mató a Armando». Así que haciéndoles honor a los relatos de mis fuentes deberé escribir: el que mató a Armando fue el último en matar a Mario Henríquez.

En 1619, el famoso escritor español Lope de Vega publicó una obra teatral basada en un hecho histórico que tuvo lugar en el pueblo cordobés de Fuenteovejuna, una noche de abril de 1476. El drama de De Vega trata sobre un pueblo de pastores y campesinos que, cansados de los abusos y robos del comendador mayor Hernán Pérez de Guzmán, deciden darle muerte en su casa. Para los rústicos habitantes del pueblo, el desencadenante que los condujo a la casa de Pérez Guzmán para cometer tal barbaridad fue la violación de la joven Laurencia, la prometida de un joven llamado Frondoso.

Lope de Vega cuenta que, semanas después, cuando llegaron los emisarios del rey para llevar a cabo los interrogatorios en busca del autor del crimen, solo obtuvieron una respuesta única por parte de todos los interrogados. Cuando preguntaron: «¿Quién dio muerte al comendador?», los interrogados respondieron sin excepción: «¡Fuenteovejuna!».

No sé qué bala o qué machete apagó la vida de Mario Henríquez, no sé si fue en realidad una bocanada de humo la que lo ahogó dentro de la bartolina número 18. No sé si Mario Henríquez, ante la inminencia de la barbarie, decidió abandonar este mundo por su propia mano, llevándose como último trofeo hasta el otro mundo. No sé si Henríquez realmente murió de miedo y todo lo demás fue saña estéril. Pegarle a un vencido. Morder a la presa muerta. Carroñear. Pero si me tocase a mí zanjar la cuestión y responder a la pregunta «¿Quién dio muerte al coordinador general de reos, Mario Henríquez?», diría: «¡El presidio de San Pedro Sula!».

9

LARGA VIDA Y...

Luego de la orgía de sangre, mientras un grupo de reos intentaba apagar el incendio que ellos mismos iniciaron en la cocina del penal, y mientras decenas de mujeres lloraban desesperadas en el portón principal pidiendo información de sus hijos presos, adentro, aún con el olor de la muerte revoloteando por el presidio, los presos más viejos discutían quién sería el nuevo coordinador general de reos. Varios querían ese puesto. Entonces irrumpió Chepe Lora, con su banda de muchachos, y les informó que ya había un nuevo señor en el penal de San Pedro Sula: él.

Todos los presos con los cuales he hablado recuerdan aquel tiempo como un periodo de paz y prosperidad. Exreos nos hablan de fiestas con prostitutas, música en vivo, comida gourmet. Los administradores oficiales de aquel lugar lo vivieron como un remanso. El muchacho de las botas, exsoldado de don Brevé, dijo que Chepe Lora se rodeó de gente joven. Fue una forma de romper con las viejas estructuras del pasado.

Chepe Lora se volvió famoso en todo el sistema penal hondureño, los coordinadores generales de los demás penales lo llamaban y le rendían pleitesía. Lo respetaban.

En los barrios de la ciudad su fama se esparció como un virus. En el Rivera Hernández, Chamelecón, Ciudad Planeta, Barandillas y todos esos bordos miserables de la capital industrial de Honduras se le reconoció como un Robin Hood. Se volvieron sonadas las historias de gente llegando al penal a pedirle dinero para medicinas y comida. Se dice que una vez una viejita —así, genérica— llegó hasta el penal buscándolo porque un hijo, según otras versiones su esposo o incluso ella misma, padecía una enfermedad muy jodida. Dependiendo de quién cuente la historia, cáncer, diabetes, leucemia, lo que le pareciera al narrador más grave. Entonces, al escuchar las cuitas de la vieja, Chepe Lora se conmovió y, según la versión, le dio mucho dinero para que fuera a comprar los medicamentos, o le dio los medicamentos, o mandó a sus hombres a comprarlos, o, en otra variante, le dio una receta de hierbas naturales para que salvara a su hijo, a sí misma o a su esposo.

Se cuenta que incluso traspasó los muros de su sector, el sector paisa, para dialogar con los intratables: la Mara Salvatrucha 13 y el Barrio 18, y que logró someterlos a su buen gobierno. No puedo confirmar lo que hablaron en la reunión que tuvo con los pandilleros, pero entre pandilleros y paisas, enemigos naturales en la fauna carcelaria hondureña, no hubo incidentes en el gobierno de Lora.

El periodista José Luis Sanz, del periódico digital salvadoreño *El Faro*, visitó el penal durante el gobierno de Chepe Lora en 2012. Lo describió como un hombre razonable y directo. En muchas cosas no estaré de acuerdo con el colega Sanz, pero me parece que esa crónica la tituló correctamente: «El rey justo en la cárcel del infierno».

10

... BUENA MUERTE AL REY

Como fue con don Brevé, Chepe Lora salió de la cárcel y con él se fue la seguridad y el orden.

El penal, luego de otras luchas de poder, tuvo un nuevo coordinador general de reos. Lo llaman Chicha. Hubo más muertes, motines, robos y riñas entre reos. El nuevo rey no tenía el carisma de su antecesor. Casi ningún bandido lo tiene.

En el mundo de los bandidos, al poder no se llega solo por carisma o por ser razonable. Se llega matando, mojando el fierro, apretando el tizón, dejando viudas, huérfanos y enemigos. El poder, esa capacidad de hacer que unos hagan lo que otros quieren, a través del control de «los procesos energéticos», como decía el antropólogo Adams, es efímero en el mundo de los bandidos. Se termina de la misma forma como empieza.

Eso aprendió Chepe Lora demasiado tarde. Fue acribillado a balazos en la carretera que lleva de Rivera Hernández hacia el centro de la ciudad el 3 de julio de 2014, a poco más de dos meses de haber conseguido su libertad. Manejaba junto con otro hombre cuando dos vehículos le cerraron el paso. Cuatro hombres se bajaron y lo acribillaron. Al menos 22 casquillos de AK47 se encontraron alrededor de su camioneta negra. Nunca hubo capturas por este asesinato. Aún no se sabe quién pidió esos 22 tiros ni quién los disparó.

Ese día, Periodista estaba en su casa, cambiándose para ir a comprar unas medicinas que le había pedido Chepe Lora un día antes. Suena raro fuera de San Pedro, pero acá es normal que los periodistas conozcan y fraternicen con los bandidos. De esta forma, consiguen muchas de las exclusivas sobre asesinatos, tiroteos y motines carcelarios. Un taxista le llamó y le dijo que había dos muertos en una calle. También suena raro, pero acá mucha gente tiene el teléfono de los periodistas y les llaman para contarles cosas sin conocerlos. Luego, le llamó otro bandido para decirle que uno de esos muertos era Chepe Lora. Ya no debería sonarles raro nada de esto. Las medicinas ya no hacían falta.

Periodista fue uno de los primeros en llegar. Ahí se encontró el cuerpo de Chepe con una camisa del Barcelona que tenía el número 10 y un apellido italo-argentino en la espalda: Messi. En el cinto portaba una pistola austriaca, marca Glock, que no llegó a tocar. A su lado, el cuerpo de Carlos Giovani Alvarado, otro bandido sampedrano.

Si a Mario Henríquez lo mató el penal, a Chepe Lora lo mató la ciudad.

—¿Cómo querés aparecer en mi libro? No quiero poner tu nombre, por tu seguridad, pero de alguna manera debo llamarte.

El muchacho de las botas lo piensa un rato y luego, muy emocionado, contesta:

—Juan, poné que soy una persona que siempre usaba botas. Así poné. Una persona que siempre andaba con botas. Hay solo una persona que va a entender quién soy, y quiero que entienda.

Me dice con una sonrisa pícara, traviesa, como si acabara de lanzar una botella con una carta al océano sin saber si alguien va a encontrarla.

Para este caso, este libro es nada más que la botella. Si estás leyendo esto y entendés el mensaje, la carta ha llegado a su destinatario. Si no, se perdió en el océano.

DIARIO DE CAMPO

(Un buen burócrata. Febrero de 2016)

Después de esperar una hora en la oficina del penal, viendo cómo entraban y salían visitantes y grandes fardos de mercadería sin revisar, me llamaron desde la oficina del director, el teniente coronel Pedro Dónovan. Fue una reunión breve. Él movió enérgicamente los brazos, dio un par de golpes en el escritorio y me invitó a salir del presidio acompañado por un par de soldados.

Hijo de puta. Me hizo esperar tanto tiempo solo para tener el gusto de echarme. Es realmente frustrante. El teniente coronel Dónovan me aseguró que ese penal cumplía con todas las normas internacionales de seguridad y que, si quería más información, debía solicitarla en la capital a las autoridades pertinentes. Le expliqué que ya había ingresado en incontables ocasiones y que había pasado muchas, muchísimas horas dentro, que lo que él decía no era cierto, y que quería conversar tranquilamente con él y hacerle algunas preguntas sobre el funcionamiento del presidio y sobre algunos cobros a los reos. Fue en ese momento cuando llamó a los militares.

Una vez afuera, humillado y verde de encabronamiento, llamé al verdadero jefe del penal, bueno, a uno de los verdaderos jefes de ese presidio. A ver, llamé a un hombre con poder. Comienzo de nuevo. Llamé a Hugo Hernández, el hombre que hace fluir el dinero para todos lados. El administrador del penal sampedrano. Creo que así está mejor escrito.

Hugo Hernández lamentó lo sucedido y me dijo, utilizando las mejores formas de un burócrata, que esa no es la forma de tratar a los periodistas. Estoy de acuerdo. Me propuso que nos viéramos y que no publicara nada sin antes hablar con él.

Nos vemos ese mismo día en el Gran Hotel Sula, el hotel más antiguo de la ciudad y uno de los orgullos de la misma. Está ubicado justo frente a la plaza central y no me decido si es un hotel antiguo de abolengo o simplemente un viejo hotel sin modernizar.

Entro al Gran Hotel Sula y veo a Hugo Hernández en la parte al aire libre del bar Skandia, cerca de la piscina. Está nervioso, suda y engulle de forma compulsiva un enorme postre y un refresco. Es obeso, casi tanto como el teniente coronel Pedro Dónovan, pero mucho más moreno. Al verme, toma un sorbo enorme de Coca-Cola y se lleva a la boca una buena tajada de su postre. Se asusta, o eso parece. No voy a ocultarles que me causa cierto placer cuando un funcionario me tiene miedo. Aquellos lectores que escriben sobre corrupción, o que son fiscales, lo entenderán.

—Don Hugo, entendemos que hay cierta división entre reos comunes y reos que pagan por tener espacios privados dentro del presidio. Varias de estas personas afirman haber pagado sumas de hasta diez mil dólares a usted para poder tener esto. —Empiezo sin mucha delicadeza.

—Es mentira —me contesta sin verme—. Lo que pagan ellos es una mensualidad de 500 lempiras (20 dólares) como apoyo al penal. Yo les doy recibo y todo. Pero nada más, yo no cobro nada.

—Don Hugo, ¿cómo se justifica por parte de la administración la existencia de un lugar especial donde los reos pueden construir sus propios cuartos? Los testimonios de varias personas apuntan hacia cobros ilegales de su parte.

—Aaaah, eso no es así. Eso es mentira… que tenga conocimiento, yo no.

—¿Cómo no?

—Pero que yo tenga conocimiento no.

—¿Es posible que los reos construyan sus propios cuartos sin que usted, que es el administrador, se dé cuenta?

—No, es que mire… yo… no… no sé.

—¿Cómo determinan entonces quién es merecedor de un cuarto privado y quién no lo es?

—Ahí… no… o sea, ahí todo es que haya, pues. Si hay, se lo damos.

—¿Basta con pedirlo?

—Sí… y si hay, se le dan. Lo que pasa es que a veces hay personas que tienen un cuarto y lo alquilan. Pues, por la necesidad… Dicen, pues, porque yo no conozco bien las normas allá adentro. Es peligroso andar de metido. Del portón para adentro son otras normas.

A Hugo Hernández lo matarán el 14 de noviembre de 2016. Quedará su cuerpo agujereado en el interior de su carro. Afuera de este quedará un custodio del penal y a unos metros su primo, quien recién saldría del penal. Era miembro de los Aguacates, una banda sampedrana, y gozaba de una medida rara: la «prelibertad».

11

LOS COMPROMISOS

El sistema penitenciario hondureño es como la política. Hay compromisos. Cada acción es resultado de acuerdos, negociaciones y sacrificios. Cada hombre en el poder, en cualquiera de sus niveles, desde un líder de celda en el penal hasta el presidente de la República, es la culminación de procesos complejos en donde otros hombres perdieron poder, o la vida o la libertad, tratando de mantener su posición. Sobre estos compromisos hablaremos ahora.

Seis meses después de nuestra plática en aquel pabellón de rombos, Porky, el líder nacional de la Mara Salvatrucha 13 de Honduras, salió del sistema carcelario hondureño y no volvió más.

Salió de El Pozo el 13 de febrero hacia una audiencia. Lo llevaron en camioneta, no en helicóptero como otras veces. Una vez en los juzgados de la ciudad de Progreso, un escuadrón de su pandilla llegó por él. Se fugó como se fugan los bandidos, disparando.

El video de seguridad muestra a dos grupos de hombres vestidos con uniforme de la Policía Militar entrando al lugar. El primer grupo llevaba a un hombre esposado, un falso detenido; y el segundo, llevaba a un hombre vestido con una especie de túnica negra. Esta túnica es conocida en el argot de los juzgados como *chacal*, por su similitud con un célebre personaje del *show* noventero *Sábado gigante*. El chacal lo usan para proteger la identidad de algún testigo o alguna víctima. En este caso, sirvió para esconder armas y municiones.

Una vez dentro, los dos grupos de pandilleros desataron el previsible infierno. Tiros, amenazas, golpes. Uno de los pandilleros resultó muerto junto con cuatro agentes del Gobierno. Una fuga casi limpia y definitivamente exitosa. Sobre todo porque empezó mucho antes de ese 13 de febrero.

En junio de 2018, fue capturado en la carretera del Norte, que lleva de San Pedro Sula a Santa Bárbara, Magdaleno Meza, junto con su esposa Erika Yulisa Batres. Pero en realidad fue capturado Nery Orlando López Sanabria.

Los policías lo detuvieron y lo arrestaron como parte de una investigación sobre el cártel de los Valle, una organización criminal acusada, tanto por la fiscalía hondureña como por el sistema judicial estadounidense, de traficar cocaína por Centroamérica hacia Estados Unidos.

En ese operativo, según la fiscalía, encontraron 200 000 dólares, dos armas de fuego sin papeles, dos granadas fragmentarias de fabricación industrial y, lo que cambió la vida y definitivamente marcó la muerte de Nery, unas libretas de apuntes.

Una vez en la comisaría, se dieron cuenta de que Magdaleno Meza, ese modesto narcotraficante afiliado al cártel de los Valle, era en realidad Nery Orlando López Sanabria, un secuaz de otro bandido, el narcotraficante Tony Hernández, quien estaba siendo juzgado en Nueva York.

Tony es el hermano del entonces presidente de la República, Juan Orlando Hernández.

Yulisa, la esposa de Nery López, quien sí fue capturada con su nombre real, buscó a un abogado de nombre Carlos Chajtur. Esa llamada marcaría la vida de ese abogado, sus compañeros y su familia por los próximos años. Hablé con el abogado Chajtur en julio de 2020. Me explicó que Nery nunca estuvo acusado de narcotráfico en Honduras. Sus delitos, aunque graves, no generaban mayor escándalo. Portación ilegal de arma de fuego y explosivos, falsa identidad, lavado de activos. Sin embargo, en una corte de Estados Unidos sí se le requería por el delito de tráfico de cocaína.

Aquí comienza la muerte de Nery, la fuga de Porky y la pesadilla para el abogado Chajtur.

Los agentes de la DEA se reunieron con Chajtur y le mostraron una carta en donde se solicitaba por vía formal la extradición de Nery López. Le hacían un ofrecimiento interesante. En la libreta que le decomisaron a Nery en junio de 2018, estaba escrito el nombre de Tony Hernández junto con sumas de dinero y detalles de operaciones de tráfico de cocaína. Según la fiscalía, se hablaba incluso de pagos a militares encargados de los radares que detectan los vuelos ilegales. Junto a otra columna de cifras, había tres iniciales: JOH. Los hondureños entenderán, para los demás, las iniciales significan Juan Orlando Hernández, el presidente de la República.

Chajtur me dijo que su defendido, ante el terror de ser extraditado, aceptó colaborar con las autoridades de Estados Unidos y dijo que efectivamente tenía información que involucraba a la familia Hernández. Aceptó declarar contra los nombres que aparecían en esa libreta, aceptó explicarles a las autoridades de ese país qué relación tenían con él y qué rol jugaban en la estructura. Esto Nery López lo habló en privado; sin embargo, un audio se coló y las autoridades hondureñas terminaron enterándose de ese ofrecimiento.

Desde su captura, estuvo en el presidio Marco Aurelio Soto, en Támara. Ahí recibió desde amenazas y golpizas hasta intentos de envenenamiento. Según documentos en poder de su abogado Chajtur, el intento de envenenarle fue tan descarado que Nery López llegó a sentir el sabor del veneno y por eso dejó de comer. Se libró de la muerte, pero no de una acidez estomacal que le hizo sufrir por mucho tiempo.

Según la fiscalía, Nery López trató de fugarse por lo menos en dos ocasiones, con dos estrategias diferentes. La primera a través de la concertación de citas médicas donde, según las autoridades, llegaría un equipo a rescatarlo. La otra, un poco más elaborada, ocurrió en septiembre de 2018, cuando un equipo de abogados llegó al presidio con una carta de libertad firmada y sellada por un juez. En esas cartas constaba que Nery López había recibido medidas sustitutivas a la prisión mientras esperaba su juicio. La estrategia se repitió al mismo tiempo con su esposa en el penal de mujeres.

Carlos Chajtur, quien no era parte de este equipo de abogados, dice que a su defendido lo llamó el director en esa ocasión.

—Tiene diez minutos para recoger sus cosas, va para fuera —le dijo.

Pero cuando llegó Nery con sus pocas pertenencias a la oficina, el director estaba en compañía de dos soldados que lo tiraron al suelo y lo golpearon. La vida de Nery se acercaba a su final.

En ese mes, lo trasladaron al penal de máxima seguridad en Ilama, Santa Bárbara, conocido como El Pozo, donde guardaban prisión altos mandos de las estructuras pandilleras de Honduras, incluidos Tacoma y Alexander Mendoza, alias Porky.

Chajtur hizo varias denuncias públicas en donde acusaba al Gobierno de maltratar a su representado y donde decía que la vida de este estaba en peligro.

Según la fiscalía, Nery intentó fugarse de este penal con la técnica más clásica y antigua de los reos desesperados: haciendo un túnel. La fiscalía reportó la existencia de un túnel de 50 m en las inmediaciones del penal. Ahí fueron capturados 11 «obreros». La policía los sacó llenos de lodo y ellos, quizá con un sentido del humor, digamos… muy hondureño, dijeron: «Estábamos buscando oro». Según las autoridades, eran hombres de la estructura de Nery López quienes abrían aquel túnel; sin embargo, los 11 trabajadores quedaron en libertad ante la ausencia de pruebas que los vincularan con el narcotraficante.

La muerte le llegó a Nery López el 6 de octubre de 2019. El director del centro penal Pedro Idelfonso Armas, junto con tres custodios, lo sacaron de su celda. Nery se encontraba de pie, sin esposas y vestido de blanco, cuando un custodio de camisa marrón y con el rostro cubierto se dirigió hacia una puerta metálica roja y la abrió con una llave. En los videos de seguridad se ve entrar a un hombre joven que porta una pistola. El hombre dispara en dirección a Nery en varias ocasiones, Nery cae al suelo. Detrás del hombre de la pistola entran cinco más con cuchillos largos y amenazan al director Pedro Armas y a los custodios, quienes en ningún momento intervienen en defensa de Nery López. El hombre de la pistola se acerca a Nery, que yace inmóvil boca abajo, y le descarga varios tiros en la cabeza. El suelo y la pared se van tiñendo de rojo oscuro. Un segundo hombre, con un cuchillo casi del tamaño de su antebrazo y pantalones cortos color celeste, se acerca al cuerpo de Nery y le da 14 puñaladas en la espalda y las piernas. Un tercer hombre de pelo corto duda, se acerca con su cuchillo, pero luego retrocede. El hombre de los pantalones celestes le da al hombre de la pistola un nuevo cargador, uno largo, más largo que la pistola misma, y este casi lo deja caer al suelo. Logra adaptarlo a la pistola y entonces le dispara una cantidad de veces difícil de determinar al cuerpo de Nery. Con cada tiro, el suelo y la pared se tiñen aún más de sangre. El hombre de cabello corto que dudaba ya no duda más, se acerca al cuerpo y le hunde su cuchillo en el costado cuatro veces. El hombre de los pantalones celestes le da tres puñaladas más a lo que queda de Nery, y todos se van por la misma puerta por la que entraron, cerrándola a sus espaldas.

Así terminaron los días del bandido que se atrevió a delatar al presidente Juan Orlando Hernández.

El hombre de la pistola se llama José Luis Orellana, conocido como Ninguno. El de los pantalones celestes es Víctor Pavón, o Pelón, y el individuo de cabello corto que dudó es Ricardo Gutiérrez, alias Buerro. Todos son reclusos de ese penal y están ahí por haber cometido asesinatos. Todos son miembros de la Mara Salvatrucha 13.

El abogado Chajtur no ha dejado de denunciar la complicidad del Gobierno y del presidente Juan Orlando en el crimen de Nery López. Ha recibido muchas amenazas por teléfono y varios anónimos en los que le dicen que lo matarán si continúa denunciando. A pesar de eso, no ha dejado de hacerlo, pero la muerte se le acercó de todas formas. El 8 de diciembre de 2019, asesinaron a su compañero de bufete, José Luis Pinto, quien además de ser parte del equipo que representaba a Nery López, también era abogado de varios miembros del cártel de los Valle, al cual pertenecía Nery, y también era abogado de los padres de este.

Antes de las seis de la tarde, varios hombres armados entraron a una cafetería en el barrio Betania de la ciudad de Copán y lo asesinaron.

José Luis Orellana, alias Ninguno de la MS13, quien desempeñó el papel más activo en el asesinato de Nery López y quien portaba y utilizó la pistola automática con la que le quitaron la vida, fue trasladado a la prisión de Támara. Allí, en julio de 2020, en plena pandemia de COVID-19, con las cárceles cerradas a visitas, abogados, médicos y cualquier persona ajena al personal penitenciario, Ninguno volvió a perpetrar una hazaña. Asesinó con una pistola Glock a uno de los enemigos históricos de la MS13: Ricky Alexander Zelaya Camacho, un líder del Barrio 18 conocido como Boxer Huber. Una vez más, un policía militar le abrió una puerta justo en el momento en que Boxer salió de su área hacia la barbería. O Ninguno tiene mucha suerte o él, o la MS13, entendió que una forma de cobrar los compromisos es con sangre.

Si la Bestia mata por ti, deja que la Bestia mate para ella.

Ahora derramo la sangre que tú quieres; mañana me permites derramar la que yo quiero.

Los compromisos lo son todo en el mundo de los bandidos. Esos hombres no asesinaron al abogado Pinto por iniciativa propia, ni Pelón, Ninguno o Buerro tenían problemas personales con Nery. Ese custodio no abrió esa puerta roja para saber qué había al otro lado, y resulta muy difícil creer que Pedro Armas, el director de ese presidio, sacara a Nery para conversar. Durante la segunda semana de diciembre, también asesinaron al director Pedro Armas mientras conducía su *pick-up* gris por la carretera Panamericana.

Con todos estos antecedentes, podemos continuar nuestro relato, cuando el 13 de febrero de 2020, Porky, el líder nacional de la Mara Salvatrucha 13, se fugó casi sin resistencia por parte de los agentes del Estado.

III
EL PULPO

1

LA FRUTA

*Cuando sonó la trompeta, estuvo
todo preparado en la tierra,
y Jehová repartió el mundo
a Coca-Cola Inc., Anaconda,
Ford Motors, y otras entidades:
la Compañía Frutera Inc.
se reservó lo más jugoso,
la costa central de mi tierra,
la dulce cintura de América.
Bautizó de nuevo sus tierras
como «Repúblicas Bananas».*

PABLO NERUDA

Todo empezó con una fruta, una dulce y colorida fruta.

Es originaria del sudeste asiático; ahí comenzó su recorrido por el mundo. Los científicos creen que las antiguas rutas de comercio la llevaron hasta África, donde se desarrolló en múltiples variedades. Es una fruta propia de climas cálidos y húmedos. La planta es generosa, produciendo enormes racimos con decenas de unidades de fruta carnosa y dulce. Sus hojas son enormes, verdes y hermosas, y su tronco es grueso y elástico.

Todo empezó también con un negocio, un negocio ambicioso e insaciable.

En la última década del siglo xix, las ambiciones ferroviarias de un hombre se venían abajo. Minor Cooper Keith, un empresario estadounidense, veía cómo la selva costarricense, la malaria, la fiebre amarilla, los inviernos torrenciales y los suelos pantanosos echaban al traste su emprendimiento millonario de construir la primera gran ruta ferroviaria de Centroamérica.

Lo que tenía sentido en los mapas no lo tenía en la tierra. Lo que se firmó en los contratos lo desconoció la selva. Minor Cooper Keith, viendo su sueño estancado, con enormes deudas en los bancos estadounidenses y con el Gobierno costarricense incapaz de pagarle lo acordado, miró hacia los lados y encontró una salida. No era un hombre de sentarse a llorar. Vio posibilidades en el enemigo. En medio de esa selva que tanto se le había negado, a los costados de los rieles metálicos, crecía frondosa y dulce la oportunidad que lo llevaría a gobernar América y cambiar el mundo.

Mientras peleaba con la selva durante la construcción de las líneas ferroviarias, Minor Cooper Keith observó a sus trabajadores, muchos de ellos hombres y mujeres negros reclutados de Jamaica y otras partes del Caribe, en condiciones muy parecidas a la esclavitud, complementando sus escasas raciones de alimento con una fruta carnosa y dulce: los bananos.

La fruta y esos hombres compartían pasado y origen. Algunos diccionarios etimológicos indican que la palabra *banano* proviene del idioma bantú del oeste africano o de Papúa Nueva Guinea, donde ya se conocía desde el siglo XVI como *beneme*. Sin importarle mucho su origen o etimología, el empresario Minor Cooper Keith vio en los bananos su futuro. Observó que las plantas de banano crecían sin control en toda la selva, notó que de una planta surgían hasta diez retoños y que cada racimo, o piña, podía ofrecer más de una veintena de frutas. Si estas plantas podían hacer ese prodigio varias veces al año sin necesidad de abono, fertilizantes o cuidados de ningún tipo, ¿qué harían si se les mimaba?

Unos años atrás, las bananas ya habían embrujado a otro hombre. En 1870, Lorenzo Dow Baker, un capitán de barco originario de Massachusetts, llevaba a un grupo de buscadores de oro por el río Orinoco, en Sudamérica. De regreso a Nueva Inglaterra, de donde zarparon. Su barco sufrió averías y se vio obligado a hacer una parada en Jamaica. El capitán quedó deslumbrado por el potencial de esa fruta exótica y decidió llevar un cargamento a Nueva Jersey. Las vendió en el mismo puerto. Luego hizo un segundo viaje, un tercero, un cuarto...

Aún faltaban varios años para que estos dos hombres se conocieran y transformaran la forma de hacer comercio entre países.

Minor Cooper Keith exportó su dulce descubrimiento desde Costa Rica hacia Estados Unidos en la última década del siglo XIX, y fue un éxito. Por un tiempo, dejó de lado los rieles y las máquinas de vapor para centrarse en adquirir tierras y barcos. Lo logró fácilmente. Consiguió que el Gobierno de Costa Rica le concesionara casi 300 000 hectáreas de tierra, al margen de las vías férreas, y la posesión de estas por 99 años. A cambio, Minor Keith les entregaría su ansiado tren y, con ello, una porción de ese progreso que tanto anhelaban los Gobiernos centroamericanos.

Hoy parecerá extraño, pero las bananas no siempre estuvieron ahí. Eran una fruta exótica y casi desconocida en Estados Unidos y Europa antes de 1870. Aparecían en las enciclopedias botánicas desde el siglo XVI, pero no en las mesas y restaurantes. Por lo tanto, Minor Cooper Keith tuvo que echar mano de estrategias de *marketing* para convencer a sus compatriotas de que esta fruta no solo era saludable y nutritiva, sino que también era prácticamente esencial para el buen desarrollo de los chicos. Algo que no debía faltar en ningún hogar decente.

En 1899, Minor Cooper Keith, quien en ese momento era socio fundador de la Tropical Trading and Transport Company, y Lorenzo Dow Baker, excapitán de barco y socio fundador de la Boston Fruit Company, entre otros notables, decidieron no competir y unir fuerzas en la titánica labor de llevar bananas a cada hogar estadounidense. Así nació la United Fruit Company (UFCO), y el destino de San Pedro Sula, Honduras y toda América Latina cambió para siempre. La compañía frutera, ahora con una enorme flota de barcos blancos conocida como *The Great White Fleet*, estaba lista para cultivar sus bananos a lo largo de toda la costa americana y llevarlos a los mercados estadounidenses. Su poder llegó a ser tan grande y sus tentáculos tan omnipresentes que, en la prensa de la época, y en los panfletos políticos de las organizaciones de trabajadores, llegó a ser conocida en Latinoamérica como el Pulpo.

Pero no debemos olvidar que todo comenzó con una fruta. Todo empezó con un negocio.

2

EL ORIGEN
DE TODOS LOS ODIOS

Y sobre los muertos dormidos,
sobre los héroes inquietos
que conquistaron la grandeza,
la libertad y las banderas,
estableció la ópera bufa:
enajenó los albedríos,
regaló coronas de César,
desenvainó la envidia, atrajo
la dictadura de las moscas,
moscas Trujillos, moscas Tachos,
moscas Carías, moscas Martínez,
moscas Ubico, moscas húmedas
de sangre humilde y mermelada,
moscas borrachas que zumban
sobre las tumbas populares,
moscas de circo, sabias moscas
entendidas en tiranía.

PABLO NERUDA

En la costa atlántica centroamericana, el banano se sembraba desde el tiempo de los conquistadores españoles, quienes lo trajeron en sus barcos. La fruta se adaptó bien al clima cálido y húmedo del Caribe.

En la primera década del siglo xx, la UFCO llegó a estas costas con el objetivo de cultivar banano de manera compulsiva. Sin embargo, no fueron los únicos. En la costa norte de Honduras, ya había pequeños hacendados de diversas partes del mundo que cultivaban y vendían banano en mercados locales o lo exportaban a Estados Unidos, aunque de manera más bien rudimentaria y a pequeña escala.

A medida que avanzaba el siglo xx, la UFCO y otras compañías bananeras transnacionales más pequeñas comenzaron a adquirir tierras de forma masiva y descontrolada tanto en Honduras como en Guatemala. No todas las tierras que compraban eran destinadas al cultivo, ya que argumentaban que tenían miles de hectáreas ociosas como reserva en caso de calamidades climáticas. Si ocurriera alguna inundación en las fincas, siempre podrían echar mano de esas tierras adicionales. Sin embargo, según algunos historiadores a los que me adscribo, la razón real tenía que ver con el monopolio. Los fundadores de la UFCO ya habían competido entre sí en el pasado por el control de estos territorios y sabían lo salvaje que estas luchas podían ser. No deseaban arriesgarse a competir nuevamente con desconocidos por el control de las tierras. Si otra empresa quisiera cultivar banano, tendría que negociar con ellos y no con los Gobiernos centroamericanos.

Las primeras décadas del siglo xx fueron especialmente convulsas y violentas en el norte de Centroamérica. Caudillos militares luchaban entre sí arrebatándose el poder como si fuera un bastón en una violenta carrera de relevos. Estos países tenían menos de cien años de existencia como naciones y habían pasado más tiempo en guerra que en paz desde su independencia de España. La UFCO supo aprovechar esta situación a su favor. Ofreció a los caudillos la construcción de carreteras, puertos y vías férreas, el sueño original de Minor Cooper Keith, a cambio de tierras cultivables en la franja costera, garantías políticas y un elemento casi tan importante como los dos anteriores: mano de obra barata y pacífica.

Para darles una idea de cómo se hacían estos tratos, en la primera década del siglo xx, el presidente hondureño Terencio Sierra otorgó concesiones de tierras a empresas bananeras a cambio de la construcción de líneas ferroviarias. El acuerdo era: 250 hectáreas por cada kilómetro de líneas construidas. ¡250 hectáreas! Además, estas líneas también eran propiedad de las bananeras y se utilizaban principalmente para transportar el banano.

Era algo así como venderle a otro un pastel que luego te comerías tú mismo.

El norte de Centroamérica entero entró en una nueva era de agroexportación y sumisión política. Sin embargo, Honduras enfrentaba una dificultad adicional: su tierra costera era peleada por al menos tres grandes bananeras estadounidenses, cada una con sus propios militares títeres y políticos a sueldo. Debido a esto, y a una larga tradición de violencia añejada durante cuatrocientos años, Honduras entró al siglo xx como un territorio en guerra.

Las matas de banano se extendieron como una plaga incontrolable de fruta dulce por toda la costa norte hondureña. Arrasaron casi cualquier otro cultivo, eliminando las milpas y los cultivos de subsistencia, y afectando toda la estructura social que dependía de ellos.

San Pedro Sula, y prácticamente toda la costa norte hondureña, eran territorios despoblados. El clima era inclemente y caprichoso, muy dado a huracanes y tormentas. Además, había constantes enfermedades tropicales como la malaria y la fiebre amarilla. Era un territorio que debía compartirse con enjambres agresivos y persistentes de zancudos y moscas de tamaño y apetito prehistórico. Esto sin mencionar las víboras, los alacranes y la humedad asfixiante que entraba desde el mar y se colaba por las ventanas como un vaho infernal. Para darles una idea, el historiador Mario Pozas se refiere a esta región en uno de sus artículos con los siguientes adjetivos: «zona secularmente despoblada y malsana».

La posibilidad de obtener ingresos fijos sacó a miles de campesinos de sus milpas en el sur y centro del país, y los apiñó en el norte. La región se fue llenando de forma descontrolada con campesinos provenientes de todos los rincones de Honduras. La UFCO enviaba reclutadores a todos los puntos cardinales con la directriz de ofrecer mejor paga que las mineras y buenas condiciones de vida en los campamentos bananeros. No era difícil lograrlo, las mineras pagaban salarios que estaban muy por debajo de las necesidades básicas de los trabajadores y estos vivían en campamentos improvisados por ellos mismos.

Aun con este torrente humano, la necesidad de mano de obra seguía siendo apremiante. Las bananas requerían más y más manos. Los campesinos hondureños no alcanzaban a cubrir el trabajo, así que, en un giro insólito en donde la fiebre por el dinero se impuso al racismo, las élites políticas hondureñas permitieron a la UFCO y otras bananeras estadounidenses «importar» mano de obra jamaiquina, es decir, negros. Esto estaba prohibido por decreto: ni chinos, ni «coolies» (indios), ni negros podían asentarse en Honduras a principios de siglo. A menos, claro está, que la bananera lo necesitara.

Así nació el enclave bananero. Para 1920, las empresas bananeras se convirtieron en los mayores terratenientes de Honduras y los mayores empleadores. La grandiosa flota blanca llevaba millones de racimos al mes hacia Estados Unidos, y los gobernantes hondureños se mostraban extremadamente dadivosos con las bananeras, ya que sabían que su economía dependía directamente de esta empresa. Por su parte, a la UFCO y a las demás empresas les convenía que los gobiernos de turno mantuvieran las plantaciones libres de huelgas, alzamientos o problemas. Los métodos que estos caudillos autoritarios utilizaran no les interesaban.

Las plantaciones estaban en Honduras, pero no eran Honduras. Adentro mandaba la compañía. Para albergar a los miles de obreros llegados de todas partes de Honduras y Jamaica, la UFCO construyó un sistema de barracones de madera. Estaban diseñados con un estilo militar, en filas de hasta 12 unidades. En teoría, en cada barraca podía vivir un trabajador, ya que contaba con dos espacios: una habitación con una cama y una mesa de noche, y una pequeña sala con dos sillas. Sin embargo, vale decir que casi ningún barracón fue habitado por solo una persona. Los campesinos venían con sus familias, llegando a apiñarse hasta diez personas en uno solo de estos espacios. Los baños estaban detrás de las barracas y eran fuentes de enfermedades. Eran insuficientes y de mala calidad. Las clínicas que la frutera ponía a disposición de los trabajadores eran, por lo general, atendidas por enfermeras empíricas y tenían escasos medicamentos que los propios trabajadores pagaban con los descuentos salariales del 2 al 3% de su paga.

El escritor costarricense Carlos Luis Fallas se refiere a estos espacios en su libro *Mamita Yunai* (1941), una de tantas obras de la «literatura bananera» que proliferó en América Latina, de la siguiente manera:

> Todo en el miserable caserío era monótono y desagradable [...]. Techados de zinc que chirriaban con el sol y sudaban gotitas heladas en la madrugada; construidos con maderas cresotadas que martirizan el olfato con su olorcillo repugnante, y pintados de amarillo desteñido. Al Pente, los sucios corredorcillos en los que colgaban las hamacas de gangoche, sucias y deshilachadas por el uso constante. Arriba, colgando de los largos bejucos, tendido de punta a punta en los corredores, chuicas sucios y sudados, casi deshaciéndose. Abajo, infestándolo todo, el suampo verdoso.

Estas plantaciones, presentadas en las campañas publicitarias como alegres y prósperos espacios de trabajo y desarrollo, eran en realidad una suerte de campos de esclavos.

Mis constantes alusiones a la esclavitud pueden parecer exageradas, pero no lo son. De hecho, muchos de los primeros capataces, quienes por cierto vivían en espacios muy diferentes, rayando en el lujo, eran hombres blancos traídos de las plantaciones sureñas de algodón de Estados Unidos, hijos de la tradición de esclavitud negrera estadounidense.

El hacinamiento, la pobreza, los deficientes servicios básicos, la falta de agencia de los campesinos, entre muchos otros factores, hicieron de aquella masa humana algo frustrado y violento.

La fabricación de licor artesanal estaba prohibida, pues la UFCO consideraba que el alcoholismo afectaba negativamente la producción del banano. Además, competía con la cerveza Imperial que ellos mismos vendían en sus «dispensarios», la única tienda de las plantaciones donde los obreros podían comprar. De hecho, en la gran mayoría de las plantaciones hondureñas, no se les pagaba con dinero, sino con una suerte de boletas que solo podían ser canjeadas en el dispensario de la empresa.

Nuevamente, la lógica del pastel.

De todas formas, los hombres y mujeres de las plantaciones se las ingeniaban para camuflar la producción artesanal de licor clandestino y montar formidables parrandas los fines de semana. Estos espacios eran muy violentos. Aquellos hombres jóvenes, sin arraigo, frustrados y ya valientes por obra del licor, sacaban su cólera con el filo de sus machetes o el cañón de sus revólveres. Un periódico hondureño de circulación local consigna en 1930 lo siguiente en una nota sobre la violencia en propiedades de dos subsidiarias de la UFCO:

en cada pago, ocurrían en la línea multitud de asesinatos provocados por las borracheras y los juegos de dados. Personas que conocen bien la vida de los campos de trabajo sobre la línea oriental del ferrocarril de la Standard Fruit Co. y la Truxillo RR. Co., nos informan de los hechos delictuosos que allí están, como se dice, a la orden del día, debido a las borracheras que frecuentemente tienen, si no todos, la mayor parte de los trabajadores quienes, bajo la influencia desoladora del alcohol, por un «quitáme allí esas pajas», se agarran a tiros o a machetazo limpio resultando de la refriega sangrienta uno o más muertos o heridos [...]. Nos informan que la causa primordial de tales desastres cuyas consecuencias perjudican hondamente a la familia que en muchos casos queda en la orfandad, es la portación de pistolas y machetes. Estos últimos tan bien afilados, como la lengua del vecino.

Diario del Norte, La Ceiba, 15 de enero de 1930

Los encargados de mantener en orden a los obreros dentro de las plantaciones eran los «cabos-comisarios» y los «guachimanes», dos de las figuras más temidas por los obreros hondureños del siglo xx. Estos eran hombres pagados por la compañía, con la autoridad de un policía y casi sin ningún tipo de legislación que limitara su poder. Uno de los panfletos de difusión de los sindicatos de obreros los definía de la siguiente manera:

El tipo más repulsivo y más odiado, es esa alimaña llamada «guachimán». [...] que se alimenta de la dignidad de los trabajadores. Ese es el tipo más inferior, inmoral y canalla que ha parido y puede parir hembra alguna. Ese sale de la esfera de lo humano, para saltar en la selva de la bestia. Es el judas de la clase trabajadora, pues de ella salió. Su oficio es el de espía, verdugo y asesino. Los trabajadores deben darle a este bicho ponzoñoso lo que se merece [...]. Es nuestro enemigo mortal.

> Boletín de Información y Propaganda publicado
> por el Secretariado General. Federación Sindical
> Hondureña. San Pedro Sula, 1930

Los conflictos llegaron con los trabajadores y la explotación. Esa tierra «despoblada y malsana» se llenó de gente y de conflictos. Con el paso del tiempo, y a la luz de las teorías materialistas, solemos ser más susceptibles a ver los conflictos de clase, que vienen en códigos de dominados-dominadores. Los hubo, ¡vaya que los hubo!, sin embargo, los problemas y las contradicciones en realidad surgieron por todos lados. La capacidad de los humanos para el conflicto es absolutamente multidimensional. Los obreros peleaban entre sí mientras odiaban a los guachimanes, los hondureños discriminaban a los negros jamaiquinos mientras golpeaban a sus mujeres por las noches. Dentro del barracón, los pobres rumiaban su odio contra los ricos al mismo tiempo que se batían a machete y bala entre iguales por el prestigio, dentro del microcosmos de la plantación; los empresarios estadounidenses explotaban a los obreros hondureños y jamaiquinos mientras competían entre sí por el control de las costas hondureñas. Las organizaciones laboristas combatían a las bananeras mientras eran terriblemente crueles con los inmigrantes chinos, las madres maltrataban a los niños mientras que estos aprendían de sus mayores cómo carajos funcionaba el mundo.

Décadas después, la violencia generada por el tráfico de los derivados de la hoja de coca, la marihuana o los derivados de la amapola horrorizan al mundo. No obstante, en la primera mitad del siglo XX, el título de la planta más conflictiva, la que generó más guerras, muerte y destrucción, la que se regó con más sangre para crecer, pertenece, sin duda, a la mata de banano.

DIARIO DE CAMPO

(Fuera de San Pedro todo es Estados Unidos.

Diciembre de 2020)

Sebastián tiene 12 años y jamás ha salido del valle de Sula. Su padrastro, el pastor Dany Pacheco, ha sido mi amigo y guía en estos años de investigación por la ciudad, y ahora ambos me llevan en un recorrido por lo que quedó del Rivera Hernández después de la tormenta Iota. Transitamos por barrizales que antes fueron calles y entramos a ruinas que antes fueron casas. Sebastián se pega a mí durante todos estos trayectos, sabe que si se mantiene cerca, de vez en cuando lo premio con una Coca-Cola o una golosina.

—Allá en Estados Unidos no es así, ¿verdad? Allá solo cae nieve, ¿verdad?

Me pregunta, aunque ya le he dicho varias veces que no vengo de Estados Unidos, sino de El Salvador, y que ese país es un mierdero similar que en el que estamos ahora. No importa, para él todo lo que no es el valle de Sula es Estados Unidos. Hacia allá ha huido más de la mitad de su familia y hacia allá se va su padrastro todos los años, a trabajar una temporada.

—Ese teléfono que usted anda allá lo compró en Estados Unidos, ¿verdad? Acá no hay de esos, solo unos animalitos chiquitos, nada más.

Le digo que lo compré en El Salvador y que en realidad no es tan nuevo ni tan bueno. No importa, lo mira anonadado y lo toca con la delicadeza con la que se tocan los tesoros.

Sebastián me dice que cuando esté más grande y pueda aguantar la caminata por el desierto, se irá para allá. Eso sabe de Estados Unidos. Un lugar de nieve, donde hay cosas nuevas y bonitas, pero que para llegar hay que caminar mucho sobre un desierto.

El desastre que dejó el huracán Iota tras su berrinche de agua es impresionante. Son toneladas de basura, muebles podridos y animales ahogados los que se amontonan en las calles enfangadas.

—En Estados Unidos, dicen que la gente bota hasta los muebles buenos a la calle, y que pasa un camión llevándoselos a la basura…

Dice al ver mi asombro por tanta destrucción. No está pensando en acá, en hoy, está pensando únicamente en dejar de estar acá, y ve en mí un pedazo de ese lugar al que quiere escapar. Prefiero no decepcionarlo. Al fin de cuentas, es más saludable para el niño tener la mente en cualquier lugar que no sea el chiquero escalofriante en que se ha convertido su barrio y su casa. Así que le cuento algunas cosas sobre Estados Unidos y lo dejo imaginarlas y saborearlas. Le hablo de hamburguesas y de centros comerciales interminables, de los parques gigantes con árboles grandotes, imposibles de abrazar de tan gordos que están, imposibles de escalar de tan altos que son.

Sebastián me lleva a ver unos animales ahogados por la tormenta. Se pudren y los perros han comido bastante de ellos. Me guía luego hasta una casa donde se ahogó una mujer y donde además se ahogaron unos pollos que aún flotan en los charcos de lodo del patio. A esa mujer la trajo el agua, la trajo viva de quién sabe qué otra comunidad inundada, pero su pelo se enredó en los alambres de la cerca y sus mechones castaño oscuro aún cuelgan de los alambres y gotean la misma agua que la ahogó. Sebastián aprovecha para sonsacarme más cosas sobre el lugar soñado, ese del que tanto ha oído hablar.

—Y en Estados Unidos toda la gente habla inglés, allá no le entienden a uno… ¿verdad?

Aprovecho para hacerle una broma. Le digo que en Estados Unidos incluso los niños hablan inglés. No lo entiende, más bien me mira con asombro, como si le estuviera tomando el pelo. Es imposible hacerle entender que, en efecto, los niños estadounidenses hablan inglés.

Antes de irme, le pido que abra la mano, le pongo algo y le digo que es una sorpresa, que no puede abrirlo hasta que yo esté lejos. No he avanzado ni 20 m desde donde nos despedimos cuando la curiosidad lo vence. Abre la mano, me mira con los ojos bien abiertos y vuelve a contemplar su tesoro, perplejo e incrédulo. Aunque a su alrededor no hay más que olor a muerte y fango, aunque su madre no sabe qué va a darle de comer esta noche porque todos sus animales se ahogaron, Sebastián brilla viendo su regalo. En su mano dejé una moneda de un dólar de Estados Unidos de América.

3

LA MALDICIÓN DE ANCHURIA

Entre las moscas sanguinarias
la Frutera desembarca,
arrasando el café y las Putas,
en sus barcos que deslizaron
como bandejas el tesoro
de nuestras tierras sumergidas.
Mientras tanto, por los abismos
azucarados de los puertos,
caían indios sepultados
en el vapor de la mañana:
un cuerpo rueda, una cosa
sin nombre, un número caído,
un racimo de Puta muerta
derramada en el pudridero.

PABLO NERUDA

Honduras no pudo desarrollar una independencia sólida. Después de apenas 79 años de desligarse de España, volvían a ser una colonia de otro imperio, esta vez el imperio estadounidense y sus transnacionales.

Las primeras cinco décadas del siglo xx se vivieron entre golpes de Estado, revueltas populares anegadas en sangre, ascenso y caída de caudillos tiránicos, y mucha, mucha exportación de bananos. Los gobernantes y sus opositores hacían lo mismo que hacen hoy en día las pandillas del Rivera Hernández, pero a gran escala. Instauraron dos ideas que aún son poderosas en Honduras. La primera: la violencia es el mecanismo más eficiente para lograr lo que quieres; y la segunda: no hay poder más grande que el de Estados Unidos. De esta forma caminó Honduras en el siglo xx, combatiendo con toda la saña posible entre las facciones políticas, pero buscando siempre la amistad y la bendición de Estados Unidos y sus bananeras.

Los enfrentamientos entre caudillos y la poca estabilidad política erosionaron la capacidad laboral de la población, pues la cultura de la guerra se había diseminado. A este respecto, los académicos hondureños Rivera y Carranza, en su artículo publicado en 2005 en el Anuario de Investigaciones de la Universidad de Costa Rica, opinan:

> La frecuente movilización de la fuerza laboral para la guerra tendió a que una parte de ella terminara perdiendo la disciplina de trabajo. Es la porción que, al cesar una u otra conflagración en la que había participado, escapaba impulsada por el ánimo de quedarse con las armas que utilizaba luego para asaltar a la población.

Un texto de 1926, citado en este mismo artículo, consigna lo siguiente:

Se cometen en las selvas y caminos hechos de sangre que horrorizan, se atenta contra el honor de las doncellas, se incendian propiedades, se hurta ganado para el destace o para llevarlos a lejanos hatos donde es contrabandeado; se descuajan bosques sin reparo alguno, para convertir en leña hasta maderas preciosas y a veces por puro gusto de destruir; se derriban cercos por odio a los propietarios y a efecto de que el ganado penetre libremente a las plantaciones y los arruine [...] y así, la vida aldeana o de los campos, es una vida de inquietud, de contrariedad y de peligro.

Por un lado, Honduras tenía a la UFCO y demás bananeras explotando de forma inmisericorde las tierras y a los trabajadores en las plantaciones, y por el otro, a una estirpe de caudillos peleando a sangre y fuego por el control del país y la venia de la UFCO. Todos los estamentos en cuestión tenían algo en común: ocupaban a hondureños pobres y jóvenes, unos para cultivar banano y otros para hacer la guerra.

Tal como lo he planteado hasta aquí, pareciera que los hondureños nunca tuvieron opción, que nunca intentaron siquiera sacudirse a las transnacionales y a la mafia de gobernantes obsesionados con la guerra y el poder. Sin embargo, lo hicieron. La historia hondureña está plagada de intentos de independencia y de procesos democráticos. Pero en cuanto surgían tanto la UFCO como los caudillos de turno, corrían a ahogarlos con plomo y sangre.

En 1944, por poner uno de los ejemplos más emblemáticos, la población sampedrana, junto con dirigentes políticos opositores, hicieron una manifestación en el centro de la ciudad. Se manifestaban contra la dictadura de Tiburcio Carías Andino, uno del cuarteto de dictadores centroamericanos de los años treinta y cuarenta, y contra su obsesión por mantenerse en el poder después de más de una década.

Los manifestantes convocaron a una huelga de brazos caídos que amenazaba no solo la producción bananera, sino también toda la producción industrial hondureña y el movimiento ferroviario. Estaban inspirados en el caso de El Salvador, donde una enorme huelga de brazos caídos, ese mismo año, hizo declinar del poder a uno del cuarteto, uno de los dictadores más crueles de ese país: Maximiliano Hernández Martínez. El problema es que no solo los sindicalistas conocían la historia salvadoreña, Tiburcio Carías Andino también conocía lo que le sucedió ese año a su colega y amigo, y no quiso arriesgarse.

En aquel intento de huelga en San Pedro Sula, setenta personas fueron asesinadas. Esta no era la primera vez que el Pulpo abonaba sus bananos con sangre latinoamericana. Entre el 5 y 6 de diciembre de 1928, los militares colombianos asesinaron a un número impreciso de trabajadores de la UFCO que se negaron a cortar banano hasta llegar a un acuerdo por mejoras en sus condiciones de vida.

Esta masacre quedó consignada, en forma de ficción, en uno de los mejores libros jamás escritos: *Cien años de soledad*, del maestro Gabriel García Márquez, donde uno de sus personajes, José Arcadio Segundo, quedó para siempre traumatizado por la masacre y por la insistencia de todos en olvidarla. «Fueron más de tres mil, y los tiraron al mar», quedó repitiendo como un obseso hasta el día que le llegó la hora de su muerte en el cuarto de Melquiades.

En Guatemala, un presidente valiente llamado Jacobo Árbenz se atrevió a expropiar las tierras de la UFCO en la década de los años cincuenta. Árbenz era un militar nacionalista con ideas renovadoras. Este hombre se atrevió a algo impensable en esa época: implementó una reforma agraria para revertir los abusos de la frutera que en esos años poseía más tierras que nadie en Guatemala. Lo que el Gobierno estadounidense, impulsado y manipulado por la UFCO, hizo con este hombre quedará en la historia de Centroamérica como uno de los eventos más infames.

Después de la reforma agraria de Árbenz, el Pulpo movió sus piezas. Para 1954, el poder de la bananera era tan grande que entre sus accionistas y lobistas se encontraban Allen Dulles, el primer director civil de la CIA; su hermano John Foster Dulles, secretario de Estado; Henry Cabot Lodge, embajador estadounidense en las Naciones Unidas; John Moors Cabot, subsecretario de Estado para Asuntos Interamericanos, entre otros notables. Con este equipo de lobistas, fue fácil convencer al presidente Eisenhower de que Árbenz, el presidente democráticamente electo de un pequeño y pobre país de América Central, era una amenaza para los estadounidenses. Convencieron a Eisenhower, entre todos esos bandidos de traje y corbata, que la intervención militar en Guatemala era poco más que un acto de defensa contra la Unión Soviética y que era legítima y necesaria.

En 1954, la operación militar encubierta PBSuccess, organizada por la CIA desde Florida, derrocó a Jacobo Árbenz. En su lugar, instalaron al general Castillo Armas, un militar obediente que, después de un sangriento golpe de Estado, devolvió las tierras expropiadas a la UFCO y asesinó sin miramientos a sus opositores políticos. Guatemala pasó de una primavera política a un largo invierno autoritario que aún no termina. Después del golpe de Estado orquestado por la UFCO y sus aliados en 1954, Guatemala se sumergió en un torbellino violento de enfrentamientos armados, desapariciones políticas, cárceles clandestinas, asesinatos de sacerdotes, masacres de pueblos indígenas, pobreza, desigualdad y conflicto social. Surgieron figuras aterradoras como el sargento Obdulio Villanueva o el capitán Byron Lima Oliva, de cuyas historias hablaremos, quizá, en otro libro.

En el año del golpe, Árbenz y su familia fueron expulsados de Guatemala. Los militares golpistas lo desnudaron frente a las cámaras en el aeropuerto, delante de sus hijos, como un acto de humillación. No fue el último. Luego lo persiguieron y acosaron durante el resto de su vida en distintos países. Dos de sus hijas se suicidaron en años diferentes, y él falleció en las más extrañas circunstancias en 1971: murió calcinado mientras se daba una ducha en un hotel en la Ciudad de México.

Después de este intento democrático por cambiar las cosas y, sobre todo, luego de presenciar cómo terminó aquella aventura progresista, muchas organizaciones populares latinoamericanas de izquierda prefirieron apostar por la lucha armada. Al fin y al cabo, es mejor morir disparado que morir de espaldas en una plaza pública o quemado en un baño de hotel en la Ciudad de México.

En ese triste año del derrocamiento de Árbenz por la CIA y la UFCO en 1954, un argentino de 26 años vivía en Guatemala. Había llegado después de un largo viaje por las venas de América Latina, buscando conocer de cerca esa revolución reformista y democrática de Jacobo Árbenz. Después de vivir en carne propia los horrores del golpe de Estado diseñado por la CIA y ejecutado por la UFCO, no fue nunca más un pacifista. Salió de allí lleno de rabia y con más esperanza en los tiros que en los votos. Continuó su recorrido por América y llegó a México. Allí tomó un pequeño bote junto a otros idealistas revolucionarios rumbo a Cuba, y apenas cinco años después triunfó en una revolución armada en la que una de las reformas más importantes fue la expropiación de todas las tierras, propiedades y cuentas de la United Fruit Company. Ese joven se llamaba Ernesto *Che* Guevara.

La moraleja de todas estas historias, de todos estos muertos, por lo menos la que le interesaba a la UFCO, era clara: no peleen contra la bananera. Sin embargo, el aprendizaje de la izquierda latinoamericana fue otro: si vas a pelear, que sea con tiros.

Esta barbarie, toda esta locura, fue vaticinada con precisión aterradora en 1904, apenas cinco años después de la fundación de la UFCO y varias décadas antes de las atrocidades narradas anteriormente, por un escritor estadounidense llamado William Porter, conocido como O. Henry.

Mientras era prófugo de la justicia estadounidense por un tema de desfalco, O. Henry se escondió en Honduras, donde vivió durante los primeros años de las plantaciones de banano. Años después, en su celda en Estados Unidos, escribió *Cabbages and Kings*, una novela en la que relata las aventuras de una serie de personajes en «Anchuria», un país ficticio inspirado en Honduras, gobernado por caudillos criminales bajo la tutela de una bananera estadounidense. En esa obra, uno de sus personajes se refiere a Anchuria y a otros países en condiciones similares como *banana republic*, y el término se volvió más célebre que la propia obra y su autor.

Incluso el expresidente George Bush hijo utilizó la frase durante la toma del Capitolio a mano de los simpatizantes de Donald Trump en enero de 2021. En esa ocasión, Bush dijo que ese tipo de actos era «enfermizo y desgarrador» y más propio de una «banana republic». Desde la publicación de *Cabbages and Kings* hasta hoy, cuando nos referimos a estos países miserables que viven bajo la influencia de las empresas estadounidenses, usamos el término «banana republic». Sin querer, rendimos homenaje a aquel escritor bohemio y aventurero que lo predijo todo en un libro escrito desde una celda.

4

LOS NUEVOS TENTÁCULOS

Camino por uno de los pasajes de San Pedro Sula. Los comerciantes han tomado la calle y han extendido sus mantas de tal forma que la circulación de coches se vuelve imposible, y la de personas un verdadero reto.

A los costados, hay edificios viejos y sucios; algunos son resabios de aquellos años dorados del banano. En una de esas antigüedades de concreto, en el tercer piso y tras unas rejas, hay una puerta totalmente polarizada con un pequeño cartel que indica que ahí opera una clínica de atención psicológica. Detrás de esta puerta hay otra más con un sistema electrónico de seguridad. La clínica no es una clínica, y adentro no hay psicólogos.

Estas son las oficinas de una organización privada. No pertenece al Gobierno, al menos no al hondureño, y en sus propias palabras son: «una alianza de organizaciones y redes de la sociedad civil que realiza auditoría social e incidencia política».

Sin embargo, hay cosas que la organización no revela en su página web. Uno de sus programas, financiado en gran medida por USAID, es encubierto y recluta a exfiscales y exinvestigadores policiales para que a su vez recluten informantes en los barrios marginales.

Una de las técnicas más utilizadas por estos agentes es ofrecer pagar los ataúdes y los funerales de las víctimas de asesinato en el valle de Sula. Las familias pobres de Rivera Hernández, Chamelecón, La Lima o la franja marginal de Choloma reciben dinero y transporte para dar un entierro digno a sus seres queridos asesinados. Aprovechando esta situación, los agentes de esta organización comienzan a recabar información sobre las estructuras criminales en esos barrios. Teóricamente, esta información se pasa al sistema judicial hondureño, pero en la práctica también se comparte con sus financiadores en el Gobierno de Estados Unidos de América.

En este día de mediados de 2019, voy a hablar con una de las fuentes de esos agentes encubiertos que se hacen pasar por psicólogos. Es una mujer y este es uno de los pocos datos que podré dar sobre ella. Ha sido colaboradora de una de las estructuras más temidas de Rivera Hernández: la única estructura, además de la MS13, con capacidad para mover drogas desde Honduras hasta Estados Unidos y responsable de desplazar a cientos de personas, muchas de las cuales terminan tocando las puertas o los muros de

Estados Unidos. Se trata de la banda de los Olanchanos. La mujer con quien hablaré hoy lleva varios años infiltrada en esta estructura y reporta semanalmente a estos agentes privados los movimientos de la banda.

Los Olanchanos: la misma estructura que asesinó al bandido más loco de Rivera Hernández: Román, el Loco. En ese capítulo les dije que esa banda, y la familia que la fundó, serían importantes en esta historia. Ahora es el momento.

La familia Rodríguez Carrión es una de las más emblemáticas de Rivera Hernández, y este último apellido, uno de los más sonados en San Pedro Sula.

El miembro de esta familia que los posicionó en el universo criminal se llama Miguel Rodríguez Carrión. Este hombre fue el bandido que trascendió el barrio. Comenzó cobrando extorsiones a residentes pobres de Rivera Hernández y terminó involucrado en política como candidato a diputado suplente, siendo perseguido por la Interpol y figurando como prioridad en los informes de USAID. Morirá asesinado dentro de dos años, en 2021. Ahora, en 2019, sigue siendo un hombre poderoso y su nombre aún es temido en la ciudad.

Según lo que me cuenta la informante, los Olanchanos, aunque es una estructura principalmente conformada y dirigida por hombres, empezó siendo un matriarcado.

Los Rodríguez Carrión llegaron al barrio desde La Mosquitia, uno de los territorios más pobres de Honduras y menos accesibles. Los fundadores fueron una pareja de comerciantes: Miguel Rodríguez y su esposa, de apellido

Carrión, llegaron en carreta, con una fila de niños desnutridos. Ahí montaron su casa y su negocio de venta de granos básicos y prosperaron. Los Rodríguez Carrión, y sus allegados, a pesar de venir de otro lugar, fueron conocidos como los Olanchanos. La fuente con la que hoy hablo, así como otra media docena de personas que vivieron esa historia, me dicen que esto se debe a que la esposa venía de Olancho y que en realidad era ella quien dirigía a la familia en una forma *sui generis* de matriarcado. El caso es que las decenas de hombres y mujeres sampedranos pertenecientes a esta estructura se hacen llamar Olanchanos.

Los Rodríguez Carrión y su gente no entendieron algunas dinámicas o, en todo caso, no las aceptaron. Esos chicos sin trabajo, vendedores y consumidores de esa hierba que atonta y hace reír, peleadores sin motivo o sin un motivo que pudiera volverse comida para alimentar a la familia, les parecieron poco más que sabandijas, plagas que debían ser eliminadas, como se exterminan las ratas en los cultivos. Así que empezaron a hacer eso mismo, exterminar.

Uno de los primeros en caer bajo fuego olanchano fue aquel vendedor de hierba, el primero en venderla a gran escala dentro del barrio Rivera Hernández, Román, el Loco. Fue asesinado por ellos afuera de un baile, pero esa historia ustedes ya la conocen.

Luego siguieron otros, muchos más. Bajo la furia olanchana murieron connotados pandilleros y muchas zonas de Rivera Hernández se declararon «territorio olanchano». Don Miguel Rodríguez, el campesino que llegó en carreta desde La Mosquitia, con su familia y su hacienda tirada por una mula, para los años noventa se había vuelto un hombre próspero, respetado y temido, y sus hijos, conforme fueron creciendo, se volvieron bandidos.

Froyland se volvió cabecilla de decenas de hombres y gobernó el territorio de Rivera Hernández conocido como Llanos de Sula y 6 de Mayo. Carlos Ramón se dedicó al traslado de «productos», esta palabra usan sus familiares, desde diversos puntos de Honduras hasta los territorios de su familia en San Pedro Sula; y Miguel, el primogénito, conocido como Miguelito Carrión, se dedicó a apropiarse de tierras para luego venderlas como suyas. Hizo mucho dinero vendiendo lotes baldíos a campesinos pobres que buscaban un espacio para vivir. Todos estos bandidos, por alguna razón desconocida para mí, se saltaron el apellido paterno y se presentaban como Carrión. Dicen que las mujeres de La Mosquitia son fuertes, parece que tienen razón.

Miguelito Carrión comenzó su carrera delictiva desde abajo, cobrando por pequeños espacios. Sus víctimas más antiguas lo recuerdan manejando una bicicleta y portando un revólver viejo, pero Miguelito Carrión se volvió un hombre rico y poderoso en poco tiempo, no solo en el barrio Rivera Hernández, sino en todo el valle de Sula. Sin embargo, a Miguelito Carrión le llegó una maldición que de tanto en tanto suele aquejar a los bandidos pobres que se vuelven ricos, la maldición de Pablo Escobar: la política.

Fue candidato a diputado en dos ocasiones con partidos políticos diferentes y, con sus nuevos contactos políticos y la bravura de sus hombres, pudo hacer negocios que trascendieron el barrio, la ciudad, el valle de Sula y Honduras.

Sin embargo, también atrajo atenciones indeseables, al menos indeseables si se es bandido.

Miguelito Carrión logró algo poco común para los bandidos rivereños: estar en boca tanto de un septuagenario pobre de Cerrito Lindo, quien se jactó conmigo de ser una de las primeras víctimas del mayor de los Carrión, como del Gobierno de Estados Unidos de América.

Miguelito y su familia figuran de manera prominente en varios informes, públicos y confidenciales, de distintas instituciones de Estados Unidos. Uno de esos informes es de USAID, publicado en 2013 y titulado «La Ciudad como Sistema. Entendiendo redes lícitas e ilícitas en San Pedro Sula».

En ese informe de los estadounidenses se establece a los Rodríguez Carrión y a su banda los Olanchanos como responsables de traficar cocaína hacia Estados Unidos y ser, además, responsables de un alto número de desplazados, muchos de los cuales terminarían tratando de ingresar de forma ilegal en territorio estadounidense.

Miguelito y su banda habían tocado los dos puntos sensibles para los intereses de Estados Unidos. Enviaban droga y, lo más grave, expulsaban migrantes. A través de diversos mecanismos, la banda fue desmantelada, o por lo menos, su capacidad de enviar droga a Estados Unidos y desplazar grandes cantidades de gente. Los mecanismos que se usaron resultan, como mínimo, curiosos. Por un lado, estas organizaciones «civiles», como la de los psicólogos que no lo son, filtran información a la policía y la fiscalía; y, por otro, consiguen que se presione al Gobierno hondureño a actuar. Y esto es solo un ejemplo, hay muchos más.

De forma extraoficial, funcionarios de cooperación estadounidense y hondureños que han trabajado dentro o con USAID en proyectos de desarrollo, me cuentan la historia paralela de la cooperación estadounidense, la historia no escrita. Hablan de proyectos de inteligencia policial disfrazados de cooperación, de operaciones policiales dirigidas y organizadas por estadounidenses, de trabajadores sociales y consultores obligados a hacer labores de espionaje contra los Olanchanos, la MS13, el Barrio 18 y otras estructuras.

A Miguelito Carrión lo asesinaron el 26 de febrero de 2021. Estaba en la tercera planta de uno de sus edificios en el centro de la ciudad. Su abogado afirmó luego que agentes estatales perseguían a su cliente desde hacía semanas. Una fuente, miembro de la MS13, me aseguró haber participado en el atentado; al preguntarle sobre el motivo, se limitó a decir: «Acuerdo entre gente de arriba». Su cuerpo recibió más de cien disparos, junto a él murieron cinco personas más.

En 2015, en San Pedro Sula, una mujer a quien llamaremos R me contó sobre su trabajo social en Chamelecón, uno de los barrios más pobres, violentos y antiguos de la ciudad. Ella forma parte de una iglesia evangélica, una que se tomó en serio la violencia de las pandillas del barrio y decidió hacer algo al respecto. Ese algo consistía en hacer jornadas deportivas, encuentros con jóvenes que vivían en barrios dominados por pandillas rivales, dar charlas y mediar entre la población y las pandillas. R me contó cómo hace unos años USAID, a través de la empresa Creative, desarrolló un proyecto en su barrio y que ella y otros líderes comunitarios fueron cooptados y financiados para seguir haciendo el trabajo que ya realizaban. Sin embargo, me confesó que cuando llegaban cada mes a recoger su cheque en las oficinas de Creative, eran interrogados por estadounidenses y hondureños que no conocían. Me dijo que les preguntaban sobre los líderes de las pandillas y sobre los lugares donde guardaban las armas y la naturaleza de estas.

R me dijo que a ella y a los demás líderes les aterraba la posibilidad de que las pandillas del barrio se enteraran de esto y los asesinaran por soplones, pero también me comentó que el dinero que les daban les servía de mucho y no podían despreciarlo, aunque se hubiesen convertido en espías y soplones involuntarios.

Otros trabajadores sociales me hablaron de la elaboración de mapas, en donde se les pedía que dibujaran los lugares donde vivían los pandilleros, y la elaboración de listas con los nombres de los familiares de estos.

Yo mismo presencié operativos policiales dirigidos por un estadounidense, en donde él, desde una camioneta, coordinaba acciones policiales contra los Olanchanos. Este personaje era un coronel retirado sin cargo oficial en la embajada. Cuando me lo encontré por casualidad en la piscina de un lujoso hotel sampedrano y quise preguntarle sobre su papel en Honduras y por qué dirigía operativos policiales, me dijo que no hablaba español. Le hice la pregunta en inglés y entonces me dio la espalda y se fue.

Después de mucho rato con la informante de los psicólogos falsos, doy por cerrada la entrevista. Hemos hablado durante tres horas. Ambos estamos cansados. La mujer guarda sus cosas y se prepara para irse, pero antes le pregunto por qué hace esto. Dice que si colabora con estos agentes privados, quizá, solo quizá, los «americanos», así, en genérico, la dejen vivir en Estados Unidos. Luego sale de la clínica que no lo es y se pierde en las entrañas de San Pedro Sula, con la esperanza de que aquellos a quienes delata no la encuentren. Con la esperanza de que cada palabra dicha a esos agentes sea un paso menos en el desierto hacia Estados Unidos.

Hay tanto de ese tema que, por seguridad de las fuentes, deberá quedarse en mi tintero que casi me siento cómplice de este nuevo colonialismo. Pero si sigo escribiendo, tarde o temprano mis palabras terminarán delatando a alguno de mis informantes y seré cómplice de un crimen mucho más grave. En resumen, puedo decir que el Gobierno estadounidense, a través de sus diferentes instituciones y enlaces en Honduras, se ha vuelto especialista en cooptar a líderes locales y convertirlos en espías e informantes de sus instituciones, con todos los riesgos que esto conlleva. En limpio puedo decir, sin temor a demandas legales y reclamos de las instituciones que menciono, que Estados Unidos lleva años mezclando la cooperación para el desarrollo con la inteligencia policial. Puedo señalar que han hecho, desde los años en que Minor Cooper Keith sembró la primera mata de banano en la costa hondureña, un ejercicio constante de dominación.

En 1935, uno de los oficiales más condecorados de la Infantería de Marina de Estados Unidos, después de una vida de combates y viajes por el mundo y en un acto de profunda culpa, describió esta dinámica colonialista con sólida exactitud. El general Smedley Butler escribió en su libro *War is a Racket*, publicado en español como *La guerra es una estafa*, el siguiente párrafo:

Pasé treinta y tres años y cuatro meses en el servicio activo como miembro de la fuerza militar más ágil de nuestra nación, la Infantería de Marina. Presté mis servicios en todos los rangos de la oficialidad, desde subteniente hasta mayor general. Durante ese periodo dediqué la mayor parte de mi tiempo a ser un matón de primera categoría al servicio de las grandes empresas, Wall Street y los banqueros. En pocas palabras, fui un extorsionador, un intimidador, un pistolero al servicio del capitalismo. En 1924 ayudé a asegurar México, y especialmente Tampico, para los intereses petroleros estadounidenses. Colaboré para convertir a Haití y Cuba en lugares decentes para que los muchachos del National City Bank pudieran obtener sus ingresos. Ayudé a violar a media docena de repúblicas centroamericanas en beneficio de Wall Street. La historia de intimidaciones y extorsiones es larga. Entre 1909 y 1912 ayudé a purificar Nicaragua para la firma bancaria internacional de Brown Brothers. En 1916, iluminé a la República Dominicana para los intereses azucareros estadounidenses. En 1903 ayudé a «enderezar» Honduras para las compañías fruteras estadounidenses. En 1927, en China, colaboré para que Standard Oil obtuviera lo que deseaba sin ser molestada. Tuve una abultada cartera de intimidaciones y extorsiones. Fui recompensado con honores, medallas y ascensos. Pude haberle dado algunos consejos a Al Capone. Lo mejor que él pudo hacer con sus «empresas» fue obtener dinero intimidando en tres ciudades. Los marines operábamos en tres continentes.

DIARIO DE CAMPO

(Trabajo de campo. 26 de junio de 2015)

Es de noche y el cielo acaba de caer sobre nosotros. La lluvia es salvaje en esta parte del mundo.

El cielo se preparó toda la tarde, atesorando sombras en las nubes, y ahora las libera sobre el valle de Sula. Fuerte, sin clemencia.

Estoy en el parque central del barrio Rivera Hernández. Espero a una fuente, pero la fuente no llega. Llegó antes la lluvia, y ahora mis posibilidades de hablar con él se ven reducidas con cada gota furiosa que cae. Las tormentas suelen ser tan fuertes y la ciudad está tan mal preparada que nadie quiere salir mientras el agua cae.

En San Pedro Sula, el tiempo y las horas se entienden de forma diferente. Casi nunca se queda a una hora exacta, si no «tipo» a una hora. La gente queda de verse en un momento difuso del día como «en la tardecita», lo que implica que pueden llegar entre las cuatro y las siete de la noche. Una pareja de enamorados puede hacer una cita para verse «cuando baje la calor», que es un margen amplio y ambiguo y, sin embargo, a pesar de lo que toda lógica indicaría, se encuentran. La gente, de forma misteriosa e inexplicable, acude a sus citas y generalmente ninguna persona espera más de diez minutos a la otra, por más alejados que estén de la hora o el «momento» fijado originalmente.

Hoy quedé con mi fuente, un líder comunitario y un hombre histórico del barrio, de los tiempos de las grandes bananeras, a las dos. Bueno, miento. Quedamos «tipo 2», así que yo, desde el fondo de mi arrogancia de etnógrafo que cree conocer los secretos y las costumbres de la comunidad, llegué a las 2:20 p. m. Calculando una tardanza razonable. Pero hoy la «realidad sociocultural» me abofeteó en la cara muy fuerte.

A las 2:40 p. m. le llamé.

—Hola, jefe, ¿cómo le va?

—Bien, Juan, ¿y a usted?

—Bien… acá, en el parque, esperándolo.

—Sí, hombre… ya llego. Fíjese que me tocó hacer un mandadito. Espéreme una media horita y yo le llego.

El hombre no me pedía diez minutos, no. Él me dijo que lo esperara treinta minutos. Di una vuelta por el parque. Traté de hablar con un viejo guardia municipal, pero le generé desconfianza, me miró raro y se cambió de sitio. Unos pandilleros de la MS13 entraron al parque. Este es su territorio. Se hicieron notar con su andar y sus palabras. Me tomaron un video y se fueron. Dos de ellos no llegan a los 16 y el tercero, con suerte, a los 9.

Aquí el calor siempre es terrible, pero antes de un aguacero llega a su máximo esplendor. La ciudad se ve como dentro de un domo. Sopla el viento, pero es caliente. Tedio. Aburrimiento. Escribo en mi libreta, pero eso les da desconfianza a unas mujeres que venden mango. Así que la guardo. Veo jugar a unos niños y me acerco a tratar de jugar con ellos, pero al notarme un acento ligeramente diferente, me piden dinero sin parar. Me voy.

A las 3:50 p. m. le vuelvo a llamar.

—Hola, macizo, ¿cómo está?

—Bien, Juan. ¿Y usted cómo anda?

—Aquí, mire, bien, digo yo. Estoy en el parque, esperándolo.

—¡Pucha!, voy para Progreso.

Progreso está a 45 minutos sin tráfico desde San Pedro Sula. La cólera me gana.

—¡¿Qué?! No, no vaya para Progreso. Pero habíamos quedado, ¿por qué va para Progreso? —le digo, casi al borde de las lágrimas o las maldiciones y amenazas, lo primero que gane la batalla interna.

—Sí, hombre, es que fíjese que unas primas ocupan que las venga a traer... pero ya rapidito.

—Está bien. Que tenga buen viaje.

Día perdido. A estas alturas ya sabía que no vendría, que armaría una excusa que empezaría con la frase «Fíjese que...». Ojo con esto. Cuando los centroamericanos empezamos una oración con esa frase, lo que viene es invariablemente una excusa y lo que sea que esperes que haga esa persona por ti simplemente no sucederá. Al menos no ese día.

El día está irremediablemente perdido. Tal como pensé, a las 6:30 p. m. me dijo que una prima había tenido un retraso.

Ya estoy tranquilo, le deseo lo mejor y quedamos para mañana «tipo dos de la tarde en el mismo lugar». Me doy una vuelta por los alrededores. Trato de hablar con la gente, pero nadie confía en mí en esta parte del inmenso barrio. No me conocen. La frustración y el pánico se apoderan de mi cabeza.

En los libros del gran fundador de la etnografía, el polaco Bronislaw Malinowski, nunca te cuenta sobre el tedio. En sus páginas no hay lugar para las tardes y los días interminables esperando una fuente, una información, unas historias que jamás llegarán. Cuando el maestro Martín Caparrós nos habla sobre la hambruna y sus conversaciones con los hambrientos, no nos narra las horas que esperó para tenerlas, ni las horas en silencio que, seguramente, tuvo que pasar antes de una conversación copiosa. Con esto me consuelo en mi banca mojada y solitaria mientras los tres jóvenes pandilleros me hacen un segundo video. Me reconforto pensando que esos grandes investigadores en algún momento fueron como yo. Me gusta creer que esperaron mucho tiempo a alguien que no llegó, que alguna vez se sintieron frustrados y perdidos como me siento yo ahora.

Pero no funciona. Ni siquiera sé cómo regresar a casa. Ya no hay taxis y mi casa está lejos de este lugar. Tengo hambre y no tengo efectivo. Nadie acepta tarjetas en dos kilómetros a la redonda.

Dos horas después, en mi minúscula habitación, me sigo lamiendo las heridas y pensando en esos grandes investigadores. Esos «perros viejos que pelearon tan bien».

Tomo cerveza, mucha cerveza. Esta se llama SalvaVida.

5

BANANAS, MAQUILAS Y HUIR

Durante décadas, la United Fruit Company hizo las mismas cosas que luego hizo Odebrecht y que ahora escandalizan al mundo. Las bananas del Pulpo derramaron una cantidad igual o mayor de sangre latinoamericana que la que ahora se derrama por los derivados de la coca, y lo hizo sin esconderse, con importantes funcionarios estadounidenses como aliados, coludiéndose con la misma CIA.

En los años cincuenta, la frutera lanzaba amplias campañas publicitarias donde explicaba a los estadounidenses los beneficios de las bananas en las dietas de los niños y también explicaba cómo su cultivo llevaba desarrollo y prosperidad a países caribeños del tercer mundo. Para transmitir estas ideas con mayor facilidad dentro de Estados Unidos, crearon el icono Miss Chiquita. Se trataba de una caricatura curvilínea con cara y color de banano, pero con cuerpo de mujer, una mujer caribeña, para ser más precisos. Bailaba y cantaba dando instrucciones sobre cómo debían los empresarios trasladar el banano y cómo podían las amas de casa cocinarlas. La canción es pegajosa y la interacción de Miss Chiquita con las bananas era sutilmente pornográfica. Salvando las enormes distancias entre ambos productos y olvidándonos por un momento del impacto en la salud, sería algo así como si el extinto cártel de Medellín hubiera sacado comerciales con Miss Coca, donde una línea de polvo blanco, con figura de mujer, mostrara a los estadounidenses cómo inhalar una buena raya e hiciera alarde de todo el desarrollo económico que el cultivo, procesamiento y exportación de la droga genera en América Latina.

La gran bananera fue perdiendo poder a medida que avanzaba la segunda mitad del siglo XX. Las leyes contra el monopolio fraccionaron a la UFCO y el Pulpo fue perdiendo tentáculos. Es curioso cómo al final los estadounidenses terminaron haciendo lo mismo que hizo Jacobo Árbenz y por lo que lo persiguieron y criminalizaron hasta su muerte en aquella bañera.

Para los años sesenta, la migración hacia Estados Unidos se convirtió en la vía de escape por excelencia. De los 6 503 hondureños registrados viviendo en aquel país en 1960, aun en medio del auge de las bananeras, la cifra se incrementó a 108 923 en 1990, para luego trepar a 282 950 en el año 2000. Para 2010, se registraron 633 000 hondureños radicando en Estados Unidos, y esto teniendo en cuenta que existe un enorme subregistro.

El sistema económico de agroexportación fue sustituido por un modelo de manufactura. A partir de los ochenta, llegó el modelo de la maquila. La doctora en antropología Adrianne Pine, quien vivió varios años en el valle de Sula y realizó una de las mejores etnografías que he leído en toda mi vida, explica en su libro *Working Hard, Drinking Hard* que las maquilas incluso aprovecharon, en muchos casos, buena parte de la infraestructura bananera, pero no así la mano de obra. Explica que cuando esta nueva forma de negocio llegó, se enfocaron, a diferencia de las bananeras que necesitaban sobre todo fuerza física, en reclutar mujeres, pues tenían la idea de que eran mejores confeccionando ropa o utilizando la máquina de coser. Miles de hombres jóvenes quedaron fuera de esta nueva forma de ganarse la vida. Muchos niños quedaron al cuidado de las abuelas o de ellos mismos, mientras sus madres trabajaban jornadas de hasta 12 o 15 horas seguidas. Adrianne Pine explica que, en una sociedad donde tradicionalmente los hombres son los proveedores de los grupos domésticos, el desempleo masculino masivo representa una intensa crisis identitaria y empujó a los hombres jóvenes a crear y apostar por otras opciones. Una de ellas fue involucrarse en las pandillas que instauraron los deportados, quienes llegaron en los primeros años de los noventa. Otros buscaron trabajo en actividades relacionadas con el narcotráfico o las bandas, como obreros de la violencia. Otros decidieron huir.

IV

HUIR

1

CARAVANA

A las seis de la tarde del 14 de enero de 2019, la terminal de autobuses de San Pedro Sula ya estaba llena. Gente de todos los barrios de la ciudad y de diferentes puntos de Honduras estaba allí, esperando a que llegara más gente para formar un animal formidable. Dijeron que, cuando lo lograran, saldrían.

Pensaron que el animal engordaría lo suficiente para las cinco de la mañana del día siguiente, sin embargo, estuvo listo a las nueve de la noche. Entonces llovió, pero aun así salieron. La norma de las caravanas es que no hay normas, que las cosas son espontáneas, que se sale cuando alguien alza la voz lo suficiente como para generar un torrente humano incontenible que alcance a arrastrar a los indecisos.

Uno habló, los demás lo siguieron. La lógica de las manadas.

Las caravanas son movimientos migratorios casi espontáneos en los cuales los centroamericanos, principalmente hondureños, buscan transitar por México de una forma más segura y a la vista de todos. Durante las últimas tres décadas, la migración ha consistido en volverse ratones, pasar por México de manera sigilosa, desamparados y a merced de una larga lista de criminales que los asaltan, secuestran, violan, esclavizan y asesinan. Entre estas formas criminales destacan, por supuesto, los policías mexicanos. La caravana busca protección contra todo esto. Consiste en no volverse ratones, sino una manada de toros. Ningún grupo criminal está preparado para secuestrar a 10 000 personas en una noche, y no hay celda ni patrulla que los contenga. La primera caravana partió de San Pedro Sula en 2018 y, después de innumerables vicisitudes, llegó a Tijuana. Esto alentó a miles más, incluyendo a los que forman la caravana en la que me encuentro ahora.

Los alcanzo en la mitad de camino hacia Agua Caliente, la frontera con Guatemala. Van caminando a la orilla de la carretera. No son una sola masa, sino grupos de entre cincuenta y diez personas. Van con pequeñas mochilas. Los que llevan niños los cargan en los hombros o los montan en carritos de bebé. Si los niños son lo suficientemente mayores, caminan. Pero van lento y deben parar por momentos. Esto hace que los grupos con menores o viejos se retrasen. No pueden seguir el paso de los jóvenes.

Los grupos de jóvenes son imparables. No caminan, corren. Van gritando, despidiéndose de Honduras con insultos: «¡Me voy a la mierda, Juan Orlando, culero!», grita uno, eufórico. Los demás lo corean y gritan otros insultos. Si no van colgados de una rastra, piden aventón en los buses. Se meten hasta que no hay ni un solo espacio libre. En uno de esos buses viajo junto a un grupo de adolescentes. No traen mucho, algunos ni siquiera llevan una mochila. Me empujan hasta el fondo. Siguen subiendo hasta que los que estamos atrás les gritamos: «¡Nos están aplastando, ya paren de subir!». El bus arranca nuevamente como puede. A mi lado están tres muchachos. Uno de ellos es el guía de todo el grupo. Son de la misma colonia, El Progreso, una localidad vecina de San Pedro Sula y siempre dentro del valle. El líder es muy joven, tiene 17 años y se refiere a todos como «mis perros». Pretende ser un experto en el camino, o eso es lo que quiere aparentar. Ya viajó en la primera caravana a finales de 2018 y conoce lo suficiente la ruta como para animarse a orientar al grupo.

Una pareja, él de 17 años y ella de 13, se besan apasionadamente y aprovechan el hacinamiento al que estamos sometidos para acariciarse. Quisieran estar aún más apretujados y creo que son los únicos a los que les parece agradable y sensual estar en esta lata de sardinas. Él le promete cosas. Le dice que al llegar a Estados Unidos se pueden casar. Ella le responde con la voz más sensual que puede: «Si tú lo dices, mi amor».

Después de seis horas en aquel horno, llegamos a la ciudad fronteriza. A pocos kilómetros está la aduana de Agua Caliente, del otro lado está Esquipulas, Guatemala. Para muchos, como los dos adolescentes románticos, esta será la primera vez que salgan de Honduras. Para ellos, en términos prácticos, este bus va hacia Estados Unidos.

Debemos caminar cuesta arriba varios kilómetros. El bus no quiso subir más. Son cientos de personas subiendo la cuesta. Hace frío, pero el sol aún quema. La cuesta es muy empinada y los grupos con niños o viejos se ven obligados a tomar descansos. Se rezagan aún más. A las cinco de la tarde llegamos a la aduana fronteriza. Hay decenas de militares y policías formando barreras. La gente los insulta como si fueran el mismo Juan Orlando Hernández. Nos hacen formar filas y toman datos. Aquellos que no tienen documentos se suben a los cerros cercanos y pasan ilegalmente. Centroamericanos ilegales en Centroamérica.

Todos se sorprenden. Pensaron que su presidente iba a detenerlos, encarcelarlos o hasta fusilarlos con tal de que no salieran de Honduras y quedar mal con el Gobierno estadounidense, al que había prometido en varias ocasiones hacer todo lo posible para frenar la migración. Sin embargo, algo inquieta a la caravana. Los militares cerraron filas tras el paso del último grupo. Ahora apuntan sus fusiles hacia Guatemala o encañonan a la caravana por la espalda, según cómo se quiera ver.

Entre esta aduana y la aduana guatemalteca hay un par de kilómetros más de cuesta. La caravana sigue subiendo. Hasta los jóvenes van cansados. Parecen viajeros que vienen de muy lejos. Ni siquiera han salido de su país.

Dos hombres jóvenes se han quedado conmigo desde el bus. Sebastián, de 26 años, huye de Honduras porque lo amenazó la Mara Salvatrucha 13. Tenía una licorería y los miembros del Barrio 18 compraban su licor y, a veces, lo consumían en su local. No había problema porque la colonia estaba controlada por ellos. Pero perdieron la batalla contra la MS13 y los sobrevivientes huyeron de allí. Los nuevos dueños del lugar le impusieron una cuota altísima a Sebastián para seguir operando. Se retrasó en los pagos y lo amenazaron de muerte. Vendió lo que pudo y huyó. Ahora el licor lo vende la MS13 y él viaja en una caravana hacia el norte.

Cristian, de 18 años recién cumplidos, dice ser mexicano de nacimiento y tener un hermano en Estados Unidos. No habla mucho sobre su pasado. Cuenta cosas contradictorias y difusas. Con su futuro es más claro. No quiere, bajo ningún concepto, estar en Honduras.

Llegamos a la aduana guatemalteca. La luz del sol se ha ido. Hay una doble fila de policías antimotines guatemaltecos. No dejan pasar a nadie. En los montes hay soldados.

Lo último que vieron de Honduras fueron unos policías y lo primero que ven de Guatemala son otros policías.

2

UN ALBERGUE EN MEDIO
DE LA NADA

En diciembre de 2008, conocí el albergue para migrantes centroamericanos «Hermanos en el camino» en la ciudad oaxaqueña de Ixtepec. Me esperaba otra cosa. Me encontré con un espacio de unos 1 500 m^2 de tierra blanca, dos barracas y una cocina construida, en gran medida, con lata.

En ese albergue no había *staff*, solo se encontraba un voluntario que anteriormente había sido parte del Ejército Mexicano, y un grupo de migrantes que se habían quedado en el albergue por diferentes motivos. Este equipo improvisado cocinaba y organizaba a las decenas de hombres y mujeres que descendían del tren cada noche buscando un escondite para esperar y trepar en otro tren como polizones en la mañana.

Al atardecer, casi anocheciendo, llegó un hombre en una Jeep blanca y compacta. Era un sacerdote y vestía todos los atavíos que los identificaban. Llevaba una sotana blanca, una estola y una camisa con cuello almidonado, y tenía la actitud serena y contemplativa de los curas de pueblo. Los migrantes que estaban allí se le acercaron y lo rodearon. Algunos lo abrazaban y otros le agradecían, pero todos le hablaban a la vez. A mí, un jovencito de 22 años, me pareció que aquel hombre tenía el don sobrenatural de escucharlos a todos al mismo tiempo. Sin embargo, descubriría su secreto más tarde. El nombre del sacerdote era Alejandro Solalinde.

Llegué hasta acá al final del tercer año de la carrera de antropología. Ese año terminé todas las asignaturas del curso y no sabía qué más hacer. Solía pasar mis vacaciones, como buen burgués descarriado, entre borracheras, líos de faldas y entrenando artes marciales. Mirando hacia atrás, supongo que después de un año cursando materias como Teoría Antropológica V o Arqueología de Mesoamérica, el animal que llevaba dentro necesitaba movimiento y aventura.

Quizá, en vista de lo anterior y con el afán de domesticar a ese animal tan problemático que ya me había llevado a estar tras las rejas de las bartolinas policiales una vez, mi hermano Óscar hizo los arreglos con mi padre y con sus contactos en México para que yo pasara ese diciembre en un albergue de migrantes, ayudando en la obra de aquel sacerdote tan raro que ayudaba a los migrantes ilegales en el camino hacia Estados Unidos. Mi hermano Óscar ya conocía esta ruta y este albergue. Había estado escribiendo una serie de crónicas sobre migración desde 2007, las cuales terminarían siendo publicadas en un libro maravilloso llamado *Los migrantes que no importan*.

Acompañé a Alejandro Solalinde durante poco más de un mes. Lo vi hacer cosas extrañas. El tren, ese bólido de acero inmenso y aterrador que los migrantes llaman La Bestia, por su manía de comerse piernas, brazos y, a veces, personas enteras, pasaba justo frente al albergue. Bueno, en realidad, sería más preciso decir que Alejandro Solalinde optó por fundar el albergue frente a las vías. El tren se estacionaba allí durante unas horas o unos días. No está diseñado para transportar gente, sino cemento y otros materiales de construcción. Por lo tanto, no hay estaciones ni gradas; los migrantes deben subir, trepando como pueden, y posicionarse en el techo o en los espacios entre los vagones. Jamás adentro, allí es donde viaja el cemento.

En una ocasión, el tren llegó desde Arriaga, la estación de carga anterior, y venía repleto de migrantes. En su mayoría, ya habían sido asaltados por la grotesca fauna humana que asolaba, y supongo que aún lo hace, Chiapas, compuesta por bandidos, narcos, traficantes y las diferentes y diversas entidades policiales mexicanas. Aquella noche, cuando el tren se estacionó, los migrantes bajaron y corrieron a esconderse entre la maleza y las sombras. A estas alturas del viaje, ya habían aprendido las mañas de las presas y habían conocido la naturaleza terrible de los depredadores. Esa noche Alejandro me pidió que manejara su Jeep y se vistió con todos los atavíos posibles que lo identificaran como cura. Me pidió que lo alumbrara con las farolas y caminó por las vías llamando a los migrantes, pero estos, desconfiados, no salían de sus escondites. De modo que Alejandro comenzó a decir a todo pulmón: «Soy Alejandro Solalinde, tenemos refugio, abrigo y comida para ustedes. Soy Alejandro Solalinde, no tengan miedo». Y la magia ocurrió. Decenas de personas fueron saliendo y se le pegaban a la sotana como pollitos a la gallina. Una vez reunidos, los llevó al albergue, donde los alimentamos con sopa de pollo, y les dijo que podían dormir donde pudieran, ya que el tren no saldría hasta el día siguiente. Fue esa noche cuando entendí uno de sus secretos: él se quedaba en la Jeep y, uno a uno, los y las migrantes subían para contarle lo que les había sucedido en el camino, pero también le contaban sobre el lugar del que huían y lo difícil que la vida se había vuelto allí. Por eso, cuando le hablaban, Alejandro Solalinde parecía entenderlos a todos a la vez y parecía conocerlos de años.

Solalinde fundó ese albergue un año antes de mi llegada, cuando ya contaba con 62 años. Venía de otro lugar también bravo, uno donde los narcos lo amenazaron por defender a indígenas y campesinos. El cura no solo brindaba albergue, sino que también hacia una gran cantidad de denuncias contra las diferentes fuerzas del orden, se enfrentaba directamente a los narcotraficantes y, en más de una ocasión, acompañaba a grupos de migrantes para protegerlos de secuestros y otros vejámenes. Viajó también largos tramos en el lomo de La Bestia acompañando a los migrantes, a sabiendas de que en la negrura de la noche de poco servirían su sotana y su cruz de madera.

En una ocasión, tuve la oportunidad de dormir en su casa, situada a medio kilómetro de Ixtepec. Era una casa vieja que parecía una bodega. En la madrugada, poco antes del amanecer, escuché una *pick-up* que llegaba para descargar algo y, al despertarme, vi al viejo sacerdote inclinado sobre una gran montaña de golosinas de diferentes tipos. Estaba escogiendo algunas y las iba poniendo en una bolsa. Eran parte de un donativo mensual que una empresa de golosinas hacía al albergue.

Al acercarme, me di cuenta de que estaba separando los productos vencidos del resto. Los vencidos serían su comida, mientras que el resto lo llevaría al albergue para dárselo a los migrantes para la travesía que les esperaba. Le dije que no lo hiciera, que eso podría enfermarlo, que esa mierda era veneno.

—No, hijo, no seas tonto. Estas cosas tienen una fecha de caducidad comercial, pero no biológica —me respondió con su voz serena de cura de pueblo, mientras seguía metiendo galletas rancias y panecillos vencidos en su bolsa de plástico. Luego me pidió que no se lo contara a nadie. Espero que ustedes, lectores, puedan guardar el secreto mejor que yo.

En el albergue de Alejandro Solalinde conocí a un grupo de muchachos hondureños. Fue la primera vez que escuché hablar de esa ciudad llamada San Pedro Sula, de las guerras entre bandidos, de sus barrios olvidados y semirrurales, y de los eventos kafkianos que allí sucedían. Eran seis:

cinco muchachos y una chica. Los asaltaron en un lugar
llamado la Arrocera, famoso entre los migrantes en esos
años, conocido por ser un sitio despoblado, malsano y lleno
de peligros. Dos hombres, uno con un machete y otro con
un revólver calibre .38, los detuvieron en medio del monte
y los acostaron boca abajo. Se llevaron a la muchacha y la
violaron los dos, por turnos. La desgarraron tanto que casi
le juntaron el ano con la vagina. A Erik, el mayor de los
muchachos, le dieron un tiro en el tobillo y la herida se le
había infectado. A pesar de todo esto, me dijeron que sus
vidas en San Pedro Sula eran aún más peligrosas. Según la
doctora Amelia Frank-Vitale, antropóloga y experta en migración hondureña, con quien tuve el privilegio de coin-
cidir en San Pedro Sula en 2018, el huracán Mitch de
1998, que se ensañó especialmente con Honduras, fue lo
que impulsó a decenas de miles de hondureños a dirigirse
al norte; fue como abrir un grifo de personas que ya nunca
volvió a cerrarse.

Aquel 2008, salí del albergue pensando que algún día,
cuando la razón regrese por estas nuestras tierras centroamericanas, las naciones superarán su era de cinismo cróni-
co y construirán monumentos y nombrarán avenidas en
honor a Alejandro Solalinde. Pensé que entonces yo podré
decir que fui testigo de su grandeza, que lo vi una tarde
persiguiendo a secuestradores en las vías de Ixtepec y que
lo vi escoger las galletas vencidas para sí, dejando lo bueno
para los otros.

DIARIO DE CAMPO

(Carroñeros. Julio de 2019)

Hoy es noche de recorridos. Llegué a las nueve de la noche al estacionamiento de una gasolinera en un concurrido bulevar de San Pedro Sula. Me reúno con un equipo de periodistas locales, los búhos o tecolotes, encargados de transmitir las noticias en vivo vía Facebook o de tener listo un paquete informativo para que los sampedranos vean, mientras desayunan, lo que sucedió mientras dormían. Después de mis entrevistas o mis visitas a los barrios, suelo terminar aquí. Ellos me permiten acompañarlos en su trabajo. Nos hemos hecho amigos y es una buena forma de conocer la noche de San Pedro Sula y de huir de las madrugadas de insomnio en mi diminuto y asfixiante cuarto en el centro de la ciudad.

Al jefe del equipo le llamaré Búho, perdonen la falta de creatividad. Es toda una celebridad en la ciudad. La gente lo saluda en las esquinas y los policías intercambian insultos amistosos con él. Los bandidos y pandilleros de toda la ciudad lo aprecian y le llaman para contarle sus asuntos.

Hoy esperamos. Esperamos un homicidio, un choque, una balacera. Lo que caiga. El guardia de seguridad de la estación de gasolina se acerca sospechoso. Quiere algo. El camarógrafo del Búho sabe lo que quiere. Saca una bolsita de marihuana *crispy*, la nueva sensación en San Pedro Sula, distribuida en la ciudad por la MS13, y se van a una esquina a sahumarse.

Búho lo mira divertido y me cuenta que su camarógrafo es miembro de la MS13. Un miembro inactivo. El búho le enseñó a operar una cámara y a descargar los materiales en la computadora. El muchacho tiene habilidad. Búho dice que nunca había visto un camarógrafo tan prodigioso.

—A este guirro le vale pija, el hijueputa se mete a donde sea y si es posible se trampa pija con los policías para entrar a las escenas. Es imparable —dice—. Eso sí, solo trabaja bien si fuma hierba.

De pronto, cae una llamada de un policía. Una mujer ha sido asesinada en el sector de Cofradía, en una de las colonias dominadas por la Mara Salvatrucha 13, a treinta minutos del centro de San Pedro Sula. Búho y su equipo son poseídos por la adrenalina y se montan al vehículo como quien sube a un caballo de guerra.

Búho maneja a toda velocidad hasta salir del casco urbano. El velocímetro supera los 120 km/h en calles angostas y con curvas. Solo baja un poco la velocidad para enviar notas de voz a otros búhos de otros medios y al joven encargado de la pandilla en el sector.

—Dele, dele, mi papá, dele. Ahí ya está todo copiado. Lleguen. A esa señora no la matamos nosotros. Conflicto de tierras fue —dice una voz joven. Si hubiese dicho otra cosa, probablemente habríamos dado media vuelta. No habríamos ido. A veces, los muertos de la MS13 en Honduras se quedan así.

Un camión viejo, con luces muy bajas, pasa casi rozando nuestro carro y solo provoca risas en los tripulantes. No son risas nerviosas, sino risas genuinas.

—Casi nos matamos, perros —dice Búho y luego hace una especie de grito de victoria muy difícil de describir con letras. Es la alegría, supongo, que sienten los que juegan a la ruleta rusa cuando el revólver no les desarma la cabeza.

Llegamos a una comunidad de calles de tierra. No somos los primeros, otros búhos ya han llegado a la escena. Vemos sus camionetas. Dos policías están recostados en una patrulla y nos señalan una cuesta muy empinada. En la cima está la muerta. No han podido recoger casquillos, huellas ni pistas porque el hijo de la mujer no lo permite. Es un joven pandillero. La mujer tiene cuatro impactos de bala en la cara, es decir, ocho agujeros. También le dieron con un machete, al menos eso parece, ya que hay un machete tirado en el piso cubierto de sangre. Tal vez lo usó para defenderse y tenga sangre de los homicidas, quizá lo usaron contra ella y tenga sus huellas. Nunca se sabrá. Otras mujeres comienzan a limpiar el cadáver, a lavar el piso y el machete. Colocan velas y algún adorno como si ya hubiese empezado la vela.

—Váyanse a la pija con esa cámara, hijos de puta. ¿Quién llamó a estos sapos? —pregunta furioso el hijo de la señora.

Toma unas piedras y las lanza al equipo. El camarógrafo le clava la mirada desafiante y comienza a grabarlo directamente. La luz de la cámara deja ver a un jovencito muy delgado, con algunos tatuajes en los brazos y un cigarro brillando en su boca. Grita, se enfurece. Las señoras que están ahí tratan de calmarlo, pero el muchacho está colérico. El camarógrafo enciende una luz aún más fuerte y le apunta. El chico se sacude a las señoras que tratan de abrazarlo y corre a recoger más piedras. Las mujeres, al verlo así, deciden huir. Tratan de bajar la pendiente donde está la chabola de la muerta y se van tomando de las ramas para no caer, pero caen, se resbalan y se ensucian, aunque logran bajar. Se van. Trato de convencer al camarógrafo de que nos vayamos. El cuerpo de la mujer todavía debe estar caliente en el piso de su casa, pero él y Búho no quieren. Se ríen de mí. Creen que lo que tengo es miedo.

—Nombre, no le pares bola, este guirro hijueputa no es nadie. No tengás miedo.

Los otros búhos están en silencio y no se animan a sacar sus equipos. Solo nuestro camarógrafo está grabando. El muchacho grita, el camarógrafo graba, la gente baja la mirada, las piedras caen, la mujer se empieza a hinchar. Hace mucho calor. Búho mira desafiante al muchacho que está histérico, gritando que nos vayamos, que no somos su familia. A los búhos no les gusta nada. Han ido por tomas de un cadáver y no quieren irse sin ellas. Pero la noche es larga. Habrá más. Bajamos por la empinada colina dando traspiés mientras los búhos se quejan.

—Hijo de puta, estúpido, ni para la caja [ataúd] ha de tener ese muerto de hambre —dice uno.

—Espérate que me lo encuentre en la morgue, a ver si me habla pesado —comenta nuestro camarógrafo, consciente de que el cuerpo de la mujer llegará a la morgue en algún momento, y que su hijo deberá ir a sacarlo para darle sepultura.

Están enfadados. Ninguno lleva tomas del cuerpo.

El muchacho hizo como los elefantes, que ahuyentan a las hienas de los cadáveres de los suyos. Salvó, por lo menos, el cuerpo de su madre y con ello un poquito del honor que no mutilaron los tiros o el machete. Mañana no saldrá en las noticias matutinas hinchada y sanguinolenta. Vencida. Ese pequeño despojo de dignidad fue el último regalo que su hijo le dio antes de perderla en la morgue municipal y en las entrañas de esta tierra caliente y fértil.

La noche sigue para los búhos. Un policía les llama, hay un incendio en el centro de la ciudad. Una serie de negocios se queman, supuestamente debido a un cortocircuito, y las llamas amenazan con extenderse. Ya se comieron el techo del local y van por más. Somos los primeros en llegar.

La noche no da más de sí. Ya casi amanece y los búhos se van a sus bases a subir el material para que los sampedranos tengan algo que ver mientras desayunan.

—¿Por qué los humanos siempre han enterrado o escondido los cuerpos de los que aman? —pregunté hace muchos años en la universidad a mi profesor de Arqueología y Antropología Física después de una clase.

El doctor Fabio Esteban Amador, una eminencia en su terreno, lo pensó un momento, dejó de guardar sus cosas, me miró a los ojos y me dijo con su acento anglosajón y pausado:

—Para protegerlos de los carroñeros.

3

EMBESTIDAS

Los rezagados van llegando y por primera vez se puede apreciar la caravana completa. Son unas 3 000 personas, casi todos jóvenes. Los policías guatemaltecos, que forman una barrera impenetrable, dicen que en algún momento dejarán pasar, que tengamos paciencia. Se improvisa un grupo de líderes conformado por varios hombres jóvenes que ya viajaron en la primera caravana. Hablan con los policías y luego uno de ellos se sube a una valla y desde ahí pretende dar indicaciones a una turba que cada vez se enfurece más.

—Bájate de ahí, hijo de la gran puta. No sos nadie, perro —le gritan.

—¿Cuánto te está pagando Juan Orlando? —dice uno, y de un momento a otro ese muchacho pasó de ser un migrante a ser un infiltrado del presidente hondureño, y algo así como la representación de todo lo negativo del país del que huyen.

—Matemos a ese sapo —grita Sebastián.

Alguien termina esa frase con una pedrada que no dio en el blanco. El blanco era la cabeza del organizador. El joven se baja y los policías guatemaltecos, en un acto solidario, quizá el único que hicieron esa noche, lo dejan pasar. De lo contrario, la caravana se lo come. Esto solo terminó por confirmar lo que todos creían.

La caravana no quiere líderes, los líderes son corruptos. La caravana es un solo animal, sin cabeza pero con muchas patas.

A las nueve de la noche, la caravana ya se ha comido lo que llevaba. Tiene hambre. Salió de San Pedro Sula, una ciudad caliente, así que casi no trae abrigos. El frío empieza a molestar.

A las 9:30 p. m., la caravana da el primer golpe. Basta con que un grupo de adolescentes tome impulso para que el animal se forme y comience a echarse para atrás. La primera embestida fue la más fuerte. Se escuchó el crujir de los escudos policiales y las quejas de los oficiales al ser golpeados por la caravana. De nuevo, el gran animal articulado se echa para atrás entre gritos, mientras que los policías guatemaltecos se toman de los brazos, formando una red humana. En su rostro se les ve el miedo.

Luego de la tercera embestida, aparece un jefe policial pidiendo calma. La caravana lo escucha y dice que todos pasarán, que tengamos paciencia. En señal de buena voluntad, indica que dejará pasar a las mujeres y los niños. La caravana accede.

Una vez que el grupo de mujeres y niños está al otro lado, la actitud de los policías cambia. Se vuelven agresivos y se cierran nuevamente.

Un joven grita:

—¡Esto era una trampa!

Otro se sube a un árbol y ve buses, varios buses. Uno más grita que están subiendo a las mujeres y niños a esos buses para encerrarlos. La desesperación invade a los hombres. Muchos de ellos tienen a su familia entera del otro lado.

Nuevamente el animal se echa para atrás, toma fuerza y embiste. La desesperación es palpable. Ahora lo que está en juego es más importante que migrar.

Las nuevas embestidas van acompañadas de trompadas y patadas. Los policías responden cerrándose aún más y amenazándonos con algo que aterroriza a las caravanas: gas. Así lograron someter a la primera caravana, la de 2018. Contra eso el animal se vence y se desbarata.

Algunas voces piden calma, tratan de mediar, de ser líderes, pero el antecedente del muchacho de hace un rato los desanima. ¡La caravana no quiere líderes, carajo! La caravana es un solo animal.

El mastodonte hecho de hondureños se cansa después de cada embestida. Se desintegra frustrado y busca dónde rumiar su derrota. A pesar de haberlos golpeado con fuerza, los policías son muchos y su barrera resulta impenetrable.

Cada grupo se las arregla para refugiarse del frío y comer lo poco que queda en las mochilas. Así transcurren

varias horas: descansar, calentarse y ¡arriba! A volver a pelear, a volver a perder.

De pronto, algún hombre cree escuchar los gritos de
su esposa, hijos o madre del otro lado, se desespera y comienza a arengar. El gran animal se forma nuevamente y
retrocede para embestir a unos policías que cada vez están
más cansados y adoloridos. Es en uno de estos momentos
de calma cuando todo se va al carajo. Un muchacho saca
una botella de licor, otros se le acercan y empiezan a tomar.
El licor se multiplica. Alguien anda otra pequeña botella
en su mochila, otro un par de cervezas. Luego, alguien se
acerca al grupo de bebedores con un cigarro de marihuana
y otro llega con más licor. La alquimia formada por hombres frustrados, licor y una barrera policial que apenas les
permite ver a sus hijos casi nunca ha terminado bien.

La siguiente ola de embestidas es más fuerte. Los policías responden golpeándonos con los escudos, alguien suelta un puñetazo, otro da una patada. Comienzan a asomar y
a sentirse las porras policiales, y entonces pasa lo que temía.

Una botella de vidrio vuela desde la caravana hacia los
policías. Con la misma lógica con la que se las tomaron, las
lanzan. Uno comienza, los demás siguen, y siempre aparecerán más botellas. Esto ya representa una amenaza real.
Ya no son solo patadas y trompadas de una masa humana
desesperada. Son proyectiles con capacidad de tumbar o
herir a los policías. Los policías se vuelven más agresivos y
golpean con más ganas. Sebastián, Cristian, yo y unos dos-
cientos hombres jóvenes nos lanzamos a pelear contra el
bloque de escudos policiales. La caravana vuelve a ser un

solo animal. Esos hombres pobres que salieron esa madrugada desde San Pedro Sula descargan todo un día de esfuerzo y toda una noche, o una vida, de frustración en pocos minutos. Los policías sienten la furia de esa masa humana y deciden cortar por lo sano. Gas: el enemigo histórico de las multitudes enfurecidas.

Hasta ahí llega la pelea.

El gas es un arma poderosa. Te inhibe de seguir peleando. Se te mete en los ojos y hace que te ardan hasta querer arrancártelos. Se aloja en tu garganta y no te deja respirar. No te deja luchar. El uso de gas como arma química llegó a ser tan devastador que quedó prohibido en el mundo después de la Primera Guerra Mundial, al considerarse un arma cruel y desleal. Desde 1925, quedó vedado en los acuerdos de Ginebra y ningún país puede utilizarlo en conflictos armados. Es curioso que esté prohibido usarlo contra soldados, pero no contra la población civil, aunque sea en su forma no letal. En fin, que es una mierda eso del gas...

Huimos en dirección al lugar del que huían los hondureños, hacia Honduras. Pero al acercarnos a la aduana, había más gas. Los policías hondureños peleaban contra una segunda caravana que intentaba alcanzar a la nuestra. A ellos no los dejaron pasar. Nuestra caravana quedó atrapada entre policías de dos países.

De entre la nube de gas que se formó, se mueve una figura rezagada. Es la última persona; todos huimos en cuanto explotó la primera lata. La silueta avanza errática, como un borracho, y no logramos distinguir si es un hombre o una mujer. Permanece así durante un buen rato, dando tumbos entre el humo, hasta que grita. Es una mujer. Varios hombres jóvenes corren en su ayuda. Tiene los ojos cerrados por el gas y empuja una carriola doble donde lleva a dos bebés. Tose, llora, grita. Es una de las pocas mujeres que prefirió quedarse y ahora solo dice que salvemos a sus niños.

—Si les pasa algo, mi marido me va a matar. Él no sabe que me los traje. Él no sabe. Me va a matar, me va a matar —dice a gritos mientras se lava la cara con agua y tiembla.

Los niños parecen estar bien, lloran fuerte y se frotan los ojos, algo que es de esperarse en unos pequeños que han recibido gas.

Sebastián, Cristian y yo nos refugiamos en una gasolinera que se encuentra en medio de ese limbo centroamericano, ese espacio que no sabemos si pertenece a Honduras o a Guatemala. El frío y el hambre arrecian. La caravana de hombres derrotados se apiña como puede a esperar el día. La pelea con la policía ha sido un rotundo fracaso. Encontramos un espacio en una glorieta y nos echamos a dormir.

Antes de que los primeros rayos de sol despuntaran entre las frondosas montañas guatemaltecas, escuchamos un grito: «¡Abrieron la aduana!». La caravana despierta. Es cierto. Los policías desayunan con sus cascos y escudos a un lado, y la caravana pasa tranquila hacia Guatemala. Los que quieren hacer el trámite de ingreso lo hacen, los que no, solo siguen caminando hacia Esquipulas, la primera ciudad guatemalteca después de la aduana.

No tengo una explicación para esto. Tal vez simplemente querían desanimar a la caravana, o quizá un jefe policial buscaba agradar a un presidente que, a su vez, quería congraciarse con otro presidente. No lo sé, pero la aduana se abrió y en este momento es lo único que interesa.

La ciudad guatemalteca y fronteriza de Esquipulas está preparada. Todo el día 15 es de fiesta y bienvenida. Hay fuegos artificiales, carne asada, dulces tradicionales, ponche caliente y música. La alcaldía de la ciudad ha decorado los postes eléctricos y la urbe está especialmente limpia. Pero todo esto es para otra caravana, la que viene cada año para venerar al Cristo Negro, una emblemática figura católica que vuelve célebre a esta ciudad.

Esos peregrinos sí son bienvenidos. Los otros no. Para los otros no hay nada. No importa. Esta caravana no quiere estar aquí, solo va de paso. Les faltan miles de kilómetros para llegar a su tierra prometida y quieren irse rápido de esta ciudad. Curiosamente, los de la otra caravana, la que sí es bienvenida, celebran a un dios que huyó hace 2020 años en el vientre de su madre, como refugiado. Sus padres eran una pareja de jóvenes pobres que emigraron a una patria ajena, más próspera que la suya, porque ya no era seguro vivir en su lugar de origen.

4

EL GRIFO ABIERTO

Las caravanas se volvieron más frecuentes. La primera, la de finales de 2018, abrió esa posibilidad. La posibilidad de que los migrantes centroamericanos se convirtieran en un pueblo móvil y dejaran de ser musarañas asustadas, que se escabullen sigilosamente hacia Estados Unidos. Esto puso en aprietos diplomáticos a México y a los Gobiernos del triángulo norte de Centroamérica.

Es diciembre de 2020 y está lloviendo en San Pedro Sula. Melvin y yo estamos comiendo hamburguesas en un Burger King del centro de la ciudad. Afuera, la tormenta Iota ha revuelto todo en el valle de Sula. Melvin es uno de los organizadores espontáneos de las caravanas. Ha participado en tres de ellas y procura, hasta donde puede, apoyarlas en su paso tortuoso por México.

—Las caravanas funcionan porque la gente ya no viaja sola por México, que era lo más peligroso. Cuando se reúnen más de mil personas, es más difícil que los Zetas u otros grupos, e incluso la migra, se animen a hacerles algo —asegura Melvin.

Además, sostiene que esta estrategia, tan efectiva en México, es obsoleta en la frontera con Estados Unidos. Allí, las caravanas deben desvanecerse, deben convertirse nuevamente en musarañas y roedores para colarse por las estrechas rendijas fronterizas. No es lo mismo botar los portones aduaneros que separan Guatemala de México que hacer lo mismo con el imponente muro de Tijuana.

Las primeras caravanas tuvieron apoyo en su caminar. Varias organizaciones se juntaron para brindarles ropa, comida y refugio en la ciudad de Guatemala y otros lugares del sur de México. De hecho, el presidente Andrés Manuel López Obrador prometió otorgarles visas humanitarias y se enfrentó, al menos en sus discursos, al republicano Donald Trump, para quien las caravanas representaban poco menos que la más grande invasión de criminales hacia Estados Unidos.

Las visas humanitarias se otorgaron. Por lo menos 12 000 personas obtuvieron esa especie de pase por un año para poder transitar por México, trabajar y tener acceso a los servicios públicos. Pero este proceso se interrumpió, y López Obrador terminó cediendo a la presión de los estadounidenses y la frontera sur terminó militarizada y las caravanas criminalizadas. Varios de los organizadores y colaboradores terminaron tras las rejas y el discurso con-

ciliador y humanitario de bienvenida dio paso a una narrativa más grotesca y maniquea donde las caravanas estaban
compuestas por pandilleros y traficantes de droga.

Para muchos migrantes con experiencia en estos caminos quedaban todavía esperanzas. Ante las derivas diplomá-
ticas, las narrativas violentas y la tardanza en las soluciones
de los políticos, surgió de nuevo la historia de un cura que
ayuda a los migrantes.

Los migrantes con experiencia en viajes pasados hablaban de ese hombre extraño que los protegía y que se enfrentaba a gobiernos, narcotraficantes y militares con tal de
salvarles la vida. Confiaban en esa especie de santo protec-
tor. Pero ese hombre ya había muerto.

«Los migrantes son importantes, pero la prioridad es
México», dijo Alejandro Solalinde a mi hermano, el periodista Carlos Martínez d'Aubuisson, en una entrevista para
el periódico *Elfaro.net* en 2019.

> *Carlos*: ¿Ahora te parece que los migrantes son «un proble-
> ma internacional»?
> *Alejandro*: No ahora, lo ocasionaron el año pasado [2018],
> con ese desplazamiento irresponsable masivo de las cara-
> vanas. Que te digan, a ver si no había negocio, que te di-
> gan, a ver si no había polleros [traficantes].

Antes de irse con su guardaespaldas, le dijo a mi hermano
que él no podía entender porque era salvadoreño, y que
era necesario ser mexicano para entender las nuevas prio-
ridades de México.

Para 2019, Alejandro Solalinde tenía las esperanzas puestas en el gobierno de López Obrador, de quien se había vuelto una especie de vocero no oficial en el tema de migración. Insistía en que las caravanas estaban organizadas por gente perversa que entregaba dinero a los migrantes para desestabilizar el buen proyecto de Obrador. Llegó a insinuar la posibilidad de que estos desplazamientos pudieran estar orquestados por el mismo Donald Trump.

Melvin asegura que mientras hablamos se organiza otra caravana desde diferentes colonias de San Pedro Sula. Dice que esta forma de huir de Honduras no se detendrá ni por policías mexicanos ni por la vuelta de espalda de figuras como Alejandro Solalinde. Estima que las condiciones de San Pedro Sula son ahora más jodidas que antes, cree que la gente seguirá marchándose en caravanas o en grupos pequeños o como demonios sea. Cree que casi nada de lo que hagan los Gobiernos mexicano o estadounidense podrá igualar en brutalidad a la vida en este país. Cree que siempre será una opción más segura huir, a pesar de que el camino esté empedrado por la traición y la crueldad.

A Solalinde se le metió un político en el corazón; lo infectó y lo mató. Ese hombre que habla hoy día de los migrantes centroamericanos como pandilleros y traficantes no es Alejandro. Quizá se vista con su cuerpo y use su voz, pero no es él. Alejandro, el verdadero, se quedó frente a las vías del tren de Ixtepec, viajando a lomos de La Bestia y sacando a los migrantes de las sombras para ofrecerles un plato de sopa y abrigo. Este es un impostor, un impostor con un político en el corazón.

V

EL CÍRCULO VIVIENTE

1

LOS DESECHOS
DE LA CIUDAD SE REÚNEN

Basurero municipal de San Pedro Sula. Agosto de 2019. En este lugar no hay fronteras y, sin embargo, aquí se termina Honduras. Aquí finaliza esa ficción llamada *patria*, esa mentira tan malamente bordada.

Desde hace décadas, a este lugar llegan los desechos de la ciudad industrial de la costa hondureña. Llega el plástico, las latas, la comida que se echó a perder. También llegan los desechos humanos: huérfanos, infectados, viudas, dementes, los que deben esconderse y creen que hasta aquí no los alcanzará la muerte o su pasado. Los que sobran.

En este basurero, o crematorio, como le llaman por la práctica de quemar toneladas de basura a cielo abierto durante décadas, llegan diariamente decenas de camiones cargados con aquello que la ciudad desechó. Los camiones avanzan entre las dunas de desperdicios y se alivian de su carga fétida sobre algún espacio vacío. Ahí, aquellos a los que la ciudad no necesita, se lanzan a remover con sus manos la podredumbre, en busca de plástico, latas, ropa o comida. No es fácil; deben competir: el niño con el loco, la viuda con el que huye, y todos contra los buitres y los perros en una batalla entre especies.

Es mediodía y el calor es abrumador. La peste flota, se impregna, termina por apoderarse de todo. Un camión despunta entre las dunas. La gente y los animales se preparan, se acerca, retrocede haciendo un pitido de advertencia que aquí suena a insulto, y vacía su carga olorosa por la parte trasera. Si el camión fuese una bestia, se podría decir que caga sobre un montón de hondureños. Dos niños se lanzan a revolver la basura, un buitre mete su pico y ellos le dan con un palo, el animal se aleja un metro y los mira con sus ojos vengativos. Un hombre viejo encontró una bolsa con decenas de bultitos ovalados y amarillentos que parecen pechugas de pollo, las moscas los cubren a todos como una fina capa de pelusa, los perros meten sus hocicos, y aunque reciben los garrotazos de la gente y los picos de los buitres, siempre se salen con la suya y roban alguna podredumbre digerible.

El hombre con la bolsa de pechugas se aleja corriendo. Me dice que son para alimentar a su cerdo y se va, seguido por un enjambre insaciable de moscas y su hijo de 9 años.

Tres niños han encontrado varias botellas de plástico con pequeños charcos de Coca-Cola y se las empinan sin misericordia. Otro ha encontrado una tira larga de caramelos y los comparte. Pareciera que un corazón noble los puso ahí como un regalo anónimo para ellos, pero no, al acercarme veo que están vencidos desde hace casi un año.

Entre las dunas, una muchacha me cuenta que trabaja aquí, usa ese verbo, desde que era una niña. No me dice su nombre, le da vergüenza y no me muestra la cara. Sabe que su trabajo, o su vida, apesta. Quizá quiere dejar ese bochorno aquí, entre la basura sampedrana. A cinco metros, un hombre joven me pide a gritos que lo entreviste. Lo hago, le pregunto por su edad. Dice que tiene 10 años. Yo le calculo al menos 30. Lo dice varias veces «diez tengo, diez tengo, diez…». Saca de una bolsa varias botellas de soda y se empina los charquitos que les quedan.

Deben estar muy calientes, pero el hombre parece disfrutarlas. Se tira una carcajada y me dice que lo entreviste, que tiene 10 años.

De entre las dunas aparece la Mara Salvatrucha 13. Son dos hombres jóvenes y bien vestidos. La camisa blanca de uno de ellos contrasta con la suciedad carbonífera que se ha instalado en la gente del crematorio. El otro viste de rojo vivo. Ambos llevan Nike Cortez, el tenis del pandillero por antonomasia. Llevan aretes y cadenas muy brillantes y sus teléfonos inteligentes en las manos. Se presentan muy amables, me reiteran lo que dijeron por teléfono: puedo moverme y hablar con quien quiera. La persona que me concedió la entrada a este lugar fue Cuervo, un alto mando de la MS13 a nivel nacional; en ningún momento el Estado o la empresa Sulambiente, la concesionaria.

Ninguno de los dos pandilleros soñó con terminar administrando este lugar cuando ingresaron a la pandilla más grande de Honduras siendo adolescentes, pero los sueños son irrelevantes aquí, en este lugar están y deben hacer un buen trabajo.

DIARIO DE CAMPO

(Langostas. Julio de 2019)

En un restaurante muy elegante, ceno con George Gatlin, el director general de Invema, la empresa que, según varias fuentes, compra toneladas de material reciclado a los intermediarios de la MS13. Él ha sido presentado como un «embajador del reciclaje» por el sitio web Tecnología del Plástico. Gatlin ha dicho en varias ocasiones, a través de diversos medios y plataformas relacionadas con el reciclaje, que uno de los objetivos de la empresa es contribuir a mejorar la calidad de vida de los recicladores, quienes vendiendo a Invema encuentran una forma digna de ganarse la vida.

Mientras comemos langostas en un restaurante ubicado en una de las zonas más caras de San Pedro Sula, llamada Río de Piedra, Gatlin me explica lo difícil que es saber quién está detrás de cada venta. Sus trabajadores sí que lo saben. Es posible que Gatlin también lo sepa, y en caso de que no, se lo cuento yo durante la cena. Sin embargo, no parece importarle. Me dice que su empresa compra diariamente varias decenas de miles de dólares a proveedores de toda la región norte del país, incluyendo los desechos de las maquiladoras, y que es casi imposible saber bajo qué sistema de trabajo fue recogido el material, o si detrás de cada tonelada de basura está involucrada la mafia. En cualquier caso, averiguar esto no es una prioridad para la empresa.

La cena es abundante, ofensivamente abundante. Las langostas llegan en grandes bandejas, servidas por dos hombres negros elegantemente vestidos. Aunque solo somos cuatro comensales, deberíamos haber sido al menos diez para dar cuenta de aquel banquete. Al final, los dos meseros recogen las bandejas de langosta, algunas de ellas apenas tocadas, y las vacían en bolsas plásticas que luego sellan frente a nosotros y tiran a la basura.

A la mañana siguiente, un camión recogerá esas bolsas y las llevará al basurero. Las personas que trabajan allí han aprendido a distinguir los camiones que llegan de esta zona, Río de Piedra, zona de buenos restaurantes. Saben que siempre traen comida apenas podrida. Los perros y los buitres también lo saben. Por la mañana, un tumulto híbrido de personas y animales competirá por nuestros desperdicios. Quien gane desayunará langosta.

2

EL CAPITÁN DEL BASURERO

El basurero de San Pedro Sula es el eslabón más bajo de la cadena económica de la ciudad. Debajo, solo queda la indigencia extrema de los alcohólicos y drogadictos. Sin embargo, incluso aquí hay castas. Es septiembre de 2021 y Capitán, el recolector más antiguo del basurero, hace un gesto enérgico con sus manos artríticas y los demás recolectores se apartan. El camión que viene entrando es solo suyo. No trae nada diferente: la misma masa deforme de materia podrida y plásticos indescifrables, la diferencia es que estos son solo suyos.

Dos niños trabajan para él y con palos apartan frenéticamente todo el plástico que pueden y lo meten en unas enormes bolsas de nylon que llaman «sacas». Es una operación rápida. No tienen mucho tiempo. Un tractor con pala frontal se lleva la basura nueva después de diez minutos y la arroja en una ladera de basura vieja, que a su vez cae en un terreno de basura podrida. Basura sobre basura.

Capitán es el responsable ante la MS13 de mantener el orden entre los trabajadores. Es un capataz en este campo de basura. Todas las personas que recogen desperdicios aquí son, de alguna forma, trabajadores de la MS13. Todo el plástico, el cobre y el nylon que ellos recogen se vende por kilo al final del día a la MS13 a un precio inferior al del mercado oficial de reciclaje. La MS13 almacena estos materiales, los clasifica y posteriormente los vende, a través de un testaferro, a las grandes empresas trasnacionales de reciclaje. Esto según entrevistas realizadas a trabajadores en el basurero, miembros de la MS13 y líderes comunitarios en El Ocotillo. Yo mismo presencié varias de estas transacciones en 2019.

Hay varias de estas empresas operando en esta parte de Honduras, pero la mayor parte de los residuos se vende a Invema, una empresa trasnacional de reciclaje que opera en Centroamérica y el Caribe. Esta afirmación, además de haber sido confirmada de primera mano por quien escribe, ha sido confirmada por dos trabajadores de Invema que han preferido mantener el anonimato por temor a represalias de su empresa o de la MS13.

La MS13 no admite competidores en el basurero. La gente que busca desechos allí debe vendérselos a ellos. Según Capitán, si alguien intenta llevarse basura de contrabando y buscar un mejor precio en otro lugar, será duramente castigado por los pandilleros y quien se lo compre también. La «mano invisible» de la que habló Adam Smith, según la cual el mercado se regula solo, parece haber sido amputada en este lugar.

3

«DÉJELOS QUE ENTREN»

Basurero municipal de San Pedro Sula, septiembre de 2021. Son las dos de la tarde y los guardias armados que protegen la entrada del basurero municipal están poniéndose nerviosos. Esta visita no la gestioné con un representante del Estado ni con la empresa administradora del lugar. La gestioné con un alto mando de la MS13. Ellos son los dueños *de facto* de este lugar.

El terreno del basurero pertenece a la alcaldía de San Pedro Sula y la administración actual le fue concedida a la empresa Sulambiente en 2014, según uno de los pocos periódicos independientes de Honduras, *Expediente Público*.

Nasry Asfura, conocido por su eslogan de campaña «Papi a la orden» y saliente alcalde de Tegucigalpa (2014-2022), así como excandidato a la Presidencia por el Partido Nacional en 2021, fue accionista de Sulambiente desde su creación hasta 2016, de acuerdo con los documentos obtenidos por el equipo del medio de comunicación *Expediente Público*. Asfura declaró en 2011 que no tenía ninguna vinculación societaria con la empresa. Sin embargo, los documentos dicen otra cosa, donde se lee que Asfura era propietario de la empresa Desarrollo Construcción y Equipo (Decoesa), que a su vez tenía acciones en AGAC de Centroamérica, la cual es dueña del 50% de Sulambiente.

Como parte de las obligaciones establecidas en 2001, esa empresa tenía que convertir este basurero en un relleno sanitario de primer mundo, sin gente viviendo y hurgando entre la basura, y administrar la recolección de desechos sólidos en toda la ciudad con camiones modernos. No se cumplió ni una cosa ni la otra.

La concesión y ejecución del contrato no se produjo porque la administración del alcalde sampedrano Óscar Kilgore (2002-2006) declaró fracasada la licitación en 2002. Como consecuencia, la empresa demandó al Gobierno municipal y, en 2011, luego de una larga batalla legal, la municipalidad tuvo que indemnizar a Sulambiente por un valor de 8.1 millones de dólares por daños y perjuicios, sin que la empresa haya recogido una sola lata en San Pedro Sula.

A pesar de este percance, Sulambiente logró obtener un nuevo contrato. En 2014, el alcalde Armando Calidonio, perteneciente al mismo partido político que Asfura, les aprobó una nueva licitación por 14 años.

Conforme a dos fuentes dentro de la empresa Sulambiente y cuatro fuentes dentro de la MS13, en el basurero el acuerdo con la pandilla fue no intervenir en los negocios del otro. Sulambiente cobra a la municipalidad por sus servicios incompletos mientras la MS13 controla la zona y hace negocios con la basura. Según aseguran mis fuentes, si no tuvieran este acuerdo, los camiones cargados de basura y todos los operarios de este lugar simplemente no podrían entrar y el negocio se terminaría para todos. Perdón, lectores, si estas relaciones les resultan demasiado engorrosas o laberínticas, pero así es como luce el ADN de la corrupción. En medio de acuerdos, firmas, convenios, concesiones, contratos, acciones, accionistas, alcaldes, cheques y basura, se escapa el dinero de todos.

En el portón de entrada al basurero, dos guardias de seguridad me detienen. Está prohibida la entrada a periodistas o investigadores de cualquier tipo. Les explico que ya gestioné mi entrada con «los muchachos», pero ellos están desconcertados y no saben qué deben hacer. En ese momento, suena en el radio de uno de ellos una voz joven.

—No les pregunte nada, guardia, déjelos pasar. No les pregunte nada, no les pida nada. Déjelos que entren —ordenó el joven malhumorado.

El guardia acata la orden y responde resignado: «Entendido». Luego me abre el portón sin preguntar más nada.

DIARIO DE CAMPO

(Olor a muerte. Agosto de 2019)

Hoy me iban a matar. Algunos muchachos hablaron sobre eso. Han sido mis informantes durante estos años. Son jóvenes y no son muy listos. Creen que soy un informante de la policía, una especie de investigador secreto o algo así. El caso es que hoy iban a matarme. Son de un grupo de muchachos de una colonia de Rivera Hernández, se hacen llamar los Locos de Vesubio.

Me lo contó alguien del mismo grupo que, al parecer, no deseaba mi muerte. De todos modos, me dirijo hacia la colonia donde no me esperan. Creo que tengo habilidad con las palabras y creo tener la capacidad de convencerlos de que no soy un maldito espía. No hay cosa que me ofenda más que mis informantes me confundan con un policía. Es, para mí, y teniendo en cuenta lo que la policía representa en estas latitudes, un insulto muy profundo.

Mis asesinos se extrañan al verme llegar. Más de uno hace el amague de pararse y correr, quizá pensaron que me había enterado de su plan, y en vista de que soy policía, había llegado a matarlos primero.

No hablamos gran cosa. Escuchamos música, ellos fuman marihuana y yo cigarros. No me gusta la marihuana. Me pone lento y me dan ganas de vomitar. Tomamos soda y escuchamos una música tristísima de hiphop.

Hoy bailo con la muerte, 15 años, solo era un adolescente.

Yo no me quería ir, no me quería morir. Ahora ya no puedo sonreír...

Escuchamos a lo lejos unos disparos, sirenas de la policía. El perro furioso que vive amarrado a un árbol se soltó y casi me muerde. Es una criatura malvada, rencorosa y traicionera. Habrá olido mi miedo.

Me voy de madrugada. No decimos nada. Haber llegado basta y, de parte de ellos, no haberme matado también. Las cosas están en paz. Tienen un enemigo menos de quien preocuparse y yo viviré para contarles a ustedes esta historia.

En el carro no siento miedo. El secreto está en pensar que es un juego, que jamás va a pasarte nada malo. Tarareo la canción de James Bond, me quito el cinturón y piso el acelerador. Quiero sentirme vivo.

El secreto es creer que hay alguien que te protege, como aquellos sabios protectores de los caballeros andantes. El secreto es pensar que has hecho las cosas bien y que esto te protege; el secreto es pensar que lo que contarás es tan importante que, en caso de que todo salga mal, valdrá la pena. Con estas mentiras se puede mantener la cabeza en su sitio. Si no, si comenzás a valorar la posibilidad de terminar en una zanja, amordazado, frío, sangrante, rebalsado, vencido, te paralizas. Si no, el pánico te invade y la voz te tiembla. Te huelen el miedo, y quien tiene miedo es un posible culpable. «Quien nada debe, nada teme», dicen en Honduras.

Al miedo hay que soltarlo, dejarlo hacer su fiesta, su berrinche. No hay que limitarlo, hay que permitir que se apodere de uno, que juegue a sus anchas. Pero que lo haga después, en la oscuridad, cuando no haya nadie que lo huela.

4

LOOP

Acá, en el municipio de El Ocotillo, en San Pedro Sula, en la costa norte hondureña, termina esa otra ficción que se llama *libre mercado*. Hasta acá llega. Este es el tope de los productos, del *marketing*, de esa otra mentira. Acá, los rostros sonrientes de gente blanca impresos en vinilo se manchan con lo podrido, son pisoteados por los pies descalzos y costrosos del joven que dice tener 10 años, pero tiene 30. Ya no importa, ya cumplió su ciclo. Ahora, cada cosa solo guarda un pequeño valor intrínseco que también será aprovechado al máximo.

El «círculo viviente». Así es como la United Fruit Company, la gran compañía bananera que controló Honduras durante décadas, llamaba a este sistema. En sus comerciales de la primera mitad del siglo xx, caricaturas desayunaban banano con leche y cereales, mientras una voz en *off* explicaba que esas frutas venían de América Central, donde su cosecha generaba trabajo, dinero y bienestar. Sin embargo, en esos comerciales omitían que para mantener esos bananos frescos en la mesa de los estadounidenses, se debieron promover golpes de Estado, perpetrar masacres y apoyar dictaduras. La frutera omitió que para llevarse las bananas fue necesario dejar a Honduras llena de sangre, llena de miseria. Al menos en algo sí tenían razón: este sistema es un círculo.

Seguro hay más cosas que entender en la historia sampedrana y hondureña, más gente con la que hablar, más matanzas que explicar, pero quedarse aquí también representa un ejercicio doloroso, un cilicio constante. Es cansado e irritante ver lo que hicieron, lo que nos dejamos hacer, y lo que nos hicimos entre nosotros, en este rincón frondoso y cálido de la dulce cintura americana.

Estamos en 2021 y este es mi último día en San Pedro Sula, por lo menos el último día de mi trabajo de campo para este libro que ahora tienes en tus manos. Mañana viajo a El Salvador, donde me esperan Sarah, mi familia y mis amigos. Mi casa. Hoy termina el trabajo de campo que empecé en intervalos intermitentes desde 2014, para entender este rincón del mundo donde el progreso y las bananas se convirtieron en violencia y comida para cerdos. Este es el final de todos esos caminos, de todas esas ficciones, y acá también es el inicio, donde vuelve todo a comenzar.

AGRADECIMIENTOS

Este libro representó una apuesta de vida que duró casi diez años en periodos intermitentes. Tal empresa fue posible únicamente gracias al apoyo de la plataforma *Insight Crime*, con la que he colaborado como *freelancer* desde 2013, y para la que he desarrollado proyectos de investigación desde entonces. Quiero agradecer especialmente a Steven Dudley, codirector y cofundador de *Insight Crime*, por su incondicional apoyo y amistad. Encontrar a alguien que crea en uno no es algo que ocurra todos los días.

Quiero agradecer a todos los amigos que me apoyaron en este largo camino de investigación, sobre todo a aquellos que abrieron su casa, caminaron conmigo y no permitieron que me devorara la soledad. Gracias a Germán Andino,

Amelia Frank-Vitale, Jennifer Ávila, Otto Argueta y Sol Ramos.

Gracias también a los cientos de hondureños que hablaron conmigo en estos años, en especial a aquellos de los Barrios de Chamelecón, Cofradía, Alfonso Lacayo, Ocotillo, los barrios de Choloma y Progreso, la gente del crematorio municipal, el barrio Celio Gonzales, Cerrito Lindo, 6 de Mayo, Quitur, la Central, Llanos de Sula, comunidad La Cuesta, colonia Kennedy, comunidad Felipe Zelaya, colonia Planeta, La Lima, Brisas del Sauce, entre muchas más. Un agradecimiento especialmente entrañable a las iglesias evangélicas que me ayudaron, protegieron y orientaron durante mis periodos de investigación. Que ese lugar celestial y maravilloso del que hablan y con el que sueñan llegue pronto a nuestra Honduras, hermanos.

También quiero agradecer a los habitantes del extinto presidio de San Pedro Sula y a los residentes de la Cárcel de Támara, PNFAS, El Pozo, y el módulo de máxima seguridad, así como a sus familias por ayudarme a entender realidades complejas. Les deseo que el encierro les sea leve y que la libertad, ese concepto tan complejo, les llegue pronto.

Quiero agradecer especialmente al pastor Daniel Pacheco y su familia por acogerme en su casa y ser mi guía por los caminos más sinuosos. Gracias a Orlín Castro y su familia por la amistad y por ayudarme a entender desde abajo, donde las cosas suceden.

Para cerrar quiero agradecer a mi familia: sin ustedes todo pierde sentido. Gracias, mamá, por enseñarme el camino; gracias, Óscar y Carlos, por ser mis mejores amigos y por leer este manuscrito y darme sus ideas. Gracias a María, la menor y más prometedora de los Martínez, y a Marlén, Alejandra, Nena y Bryan por ser familia más allá de lo que diga la sangre.

Gracias a Sarah, por ser mi casa, por esperarme siempre. Acordate que cuento con tu risa. Si estás al final del camino, yo no le tengo miedo a nada.

A los poderosos, los señores de la droga, los capos de la política, los que venden la muerte, los dueños de Honduras, nada, para esos nada. Ellos ya están en la oscuridad.

Gracias, Honduras, por dejarme, durante un rato, ser hijo tuyo.